Dez dias num hospício

FÓSFORO

NELLIE BLY

Dez dias num hospício

tradução
ANA GUADALUPE

prefácio
PATRÍCIA CAMPOS MELLO

7 PREFÁCIO À EDIÇÃO BRASILEIRA
Patrícia Campos Mello

16 INTRODUÇÃO

19 ATRÁS DAS GRADES DO HOSPITAL DE ALIENADOS
21 I. Uma missão delicada
26 II. No abrigo temporário
36 III. A chegada da polícia
48 IV. No Bellevue Hospital
58 V. Quase lá

65 DENTRO DO HOSPÍCIO

Prefácio à edição brasileira

Imagine uma pessoa que deu a volta ao mundo em tempo recorde, foi correspondente de guerra, presidiu uma indústria siderúrgica e registrou 25 patentes de vários produtos. Tudo isso em apenas 57 anos de vida. Agora, imagine que essa pessoa era uma mulher que vivia nos Estados Unidos no final do século 19, uma época em que as mulheres não tinham o direito de votar, e, dependendo do estado, não podiam se divorciar nem usar calça comprida.

Nascida em 1864, Elizabeth Jane Cochrane fez tudo isso e ainda encontrou tempo para ser pioneira do jornalismo investigativo. Sob o pseudônimo Nellie Bly — naquele tempo, as mulheres que escreviam raramente usavam o próprio nome — ela ficou famosa em 1887, depois de passar dez dias internada em uma instituição psiquiátrica com a intenção de expor os maus-tratos que as pacientes sofriam. Em uma série de reportagens para o jornal *New York World*, de Joseph Pulitzer — o editor e jornalista que depois batizaria o famoso prêmio literário —, Nellie descreveu minuciosamente como enfermeiras sádicas batiam nas internas e zombavam delas. As funcionárias serviam chá ralo, carne estragada, pão com manteiga rançosa e forçavam as mulheres a ficar imóveis por horas a fio, algumas amarradas, passando frio, enquanto se refestelavam com frutas e verduras frescas e batiam papo com os médicos, alheios a tudo.

Para retratar o Hospício de Alienados de Blackwell's Island, em Nova York, sem que fosse identificada como jornalista, Nellie literalmente fingiu demência. Fingiu tão bem que ao menos cinco médicos acreditaram — o que prova que os médicos não tinham a menor ideia de como diagnosticar transtornos mentais ou que não estavam nem aí para os pacientes. Provavelmente, as duas coisas. Não surpreende que muitas das mulheres encerradas na instituição não tivessem nenhum problema psiquiátrico que necessitasse internação, e que, uma vez lá dentro, elas não conseguissem mais sair.

As reportagens, depois ampliadas e transformadas neste livro, *Dez dias num hospício*, tiveram um impacto enorme. O governo de Nova York fez uma investigação e aumentou os recursos para as instituições psiquiátricas públicas. Além disso, determinou que apenas mulheres com graves distúrbios psiquiátricos pudessem ser internadas no hospício.

Com a ampla repercussão das matérias, Nellie foi contratada pelo *New York World*, onde atuava apenas esporadicamente. Lá, ela assinou diversas reportagens-proeza, como ficaram conhecidos esses trabalhos que envolviam alto grau de risco. Em uma delas, fingiu ser uma trabalhadora doméstica para denunciar abusos das agências de emprego; em outra, falou sobre tráfico de bebês. Também investigou as condições de vida em prisões e fábricas.

Hoje, ocultar a própria identidade para fazer uma reportagem é considerado antiético em quase todos os veículos de mídia. Naquela altura, essa era uma das únicas maneiras de expor falhas graves existentes nas instituições. Além disso, era uma forma de repórteres mulheres conseguirem cavar algum espaço no ambiente patriarcal das redações.

Foi justamente estimulada por sua revolta contra a opressão das mulheres que Nellie Bly começou a escrever.

Natural de uma cidadezinha perto de Pittsburgh, na Pensilvânia, foi a décima terceira de quinze filhos do juiz Michael Cochran. Cochran (Nellie usava Cochrane porque achava mais sofisticado) era um homem rico, dono de um moinho, de lojas e de terras. Ele havia começado a vida como ferreiro e cuteleiro, e, aos dezenove anos, já tinha sua própria loja em Pitt's Mills. Tornou-se tão poderoso que sua cidade natal foi rebatizada de Cochran's Mills.

Quando Nellie tinha seis anos, seu pai morreu. Não sobrou muito após a divisão da herança entre a viúva e os quinze filhos de dois casamentos. A mãe, Mary Jane, resolveu casar-se novamente, pois a vida de uma mulher sozinha era ainda mais árdua. Não deu sorte. O marido, J.J. Ford, era um alcoólatra violento, que ameaçou matá-la com uma arma no meio de uma igreja lotada de gente.

Segundo conta a excelente biografia *Nellie Bly: Daredevil, Reporter, Feminist*, de Brooke Kroeger, Ford agrediu Mary Jane inúmeras vezes. Numa delas, enquanto ele brandia um revólver, Nellie e um dos irmãos se postaram na frente da mãe, para protegê-la. Mary Jane finalmente conseguiu se separar, mas nunca mais escapou do olhar preconceituoso da comunidade de Cochran's Mills.

Aos quinze anos, Nellie estudava para ser professora, uma saída honrosa para mulheres que precisavam trabalhar para se sustentar. Mas foi obrigada a desistir, por falta de dinheiro. Endividadas e estigmatizadas na cidade, ela e a mãe mudaram-se para uma casa modesta em Pittsburgh, onde alugavam quartos.

Nellie se indignava com os obstáculos que as mulheres enfrentavam para estudar, trabalhar e tornarem-se independentes. Os meninos e os homens tinham tudo mais fácil. Ficou enfurecida quando se deparou com o artigo "Para que servem as meninas?" publicado em um dos jornais de Pittsburgh, o *Pittsburgh Dispatch*. O texto era uma resposta a uma carta enviada por um certo Pai Preocupado com suas cinco filhas, com idades entre 18 e 26 anos, que ainda não tinham se casado. "Tenho cinco delas à mão, e não sei como despachá-las, ou o que fazer com elas", dizia o pai nada zeloso.

O colunista Erasmus Wilson respondeu com uma diatribe machista, exortando os pais a educar meninas para que fossem exímias na cozinha, na costura e na limpeza da casa. Ele chamou as mulheres que queriam seus direitos e desejavam trabalhar de "monstruosidades" e afirmou que elas causavam "repugnância" nas mulheres ("verdadeiramente") femininas e nos homens masculinos. O colunista teve ainda o desplante de escrever que talvez o melhor fosse os Estados Unidos agirem como a China, onde famílias matavam meninas recém-nascidas ou as vendiam como escravas.

Pouco depois, chegou à redação do *Dispatch* uma carta inflamada de uma leitora que usava o pseudônimo Órfã Solitária. No texto vigoroso, a autora indagava por que não se davam às meninas as mesmas oportunidades reservadas aos meninos, sendo que elas "são tão inteligentes quanto eles e aprendem muito mais rápido, então por que não podem fazer as mesmas coisas?". Prosseguia defendendo que as mulheres deveriam ser "mensageiras, office boys, e, por que não, condutoras de trem, em vez de apenas operárias em fábricas insalubres e trabalhadoras domésticas".

O editor-chefe do jornal, George Madden, ficou impressionado com a qualidade do texto e publicou um anúncio convidando a autora misteriosa a aparecer na redação para receber o devido reconhecimento: "Se a autora da comunicação assinada por Garota Órfã Solitária enviar seu nome e endereço para este escritório, apenas como garantia de boa-fé, ela irá nos fazer um favor e receber a informação que deseja", dizia o texto.

No dia seguinte, uma jovem magra e frágil, aparentando vinte anos, apareceu diante de Madden. Era Nellie. Surpreso, ele pediu que ela escrevesse um artigo com base na carta que enviara sobre oportunidades para mulheres. Depois, encomendou mais um texto — e Nellie escreveu sobre divórcio. Ela emendou com uma série sobre operárias em fábricas de Pittsburgh, e foi contratada pelo jornal.

A série, que se parecia mais com uma propaganda das fábricas do que com as investigações que a consagrariam, foi um sucesso. Como "prêmio", ela passou a cobrir assuntos "mais femininos", como jardinagem, moda e sociedade.

Aos 21 anos, Nellie largou o emprego no *Dispatch* depois de apenas nove meses. Não aguentava mais escrever sobre assuntos de "mulherzinha". Partiu para o México, onde esperava construir uma reputação como correspondente internacional e assim nunca mais ser relegada à editoria de amenidades. Como não era de bom-tom uma moça viajar desacompanhada para um destino, digamos, exótico, Nellie levou sua mãe a tiracolo.

A jornalista não falava espanhol, mas isso não a desencorajou. Passou seis meses como correspondente no país que vivia sob a ditadura de Porfirio Díaz. Seus relatos, publicados sob o chapéu "Nellie in Mexico", causaram espécie. Muitos leitores em Pittsburgh se horrorizavam com o fato de uma mulher estar no México fazendo reportagens. Circulou o boato de que, na realidade, não era Nellie que escrevia, mas, sim, seu irmão.

Depois de seis meses e algumas reportagens críticas ao governo, Nellie teve de ir embora. Voltou para Pittsburgh desgostosa, queria alçar voos mais altos. Faltava-lhe experiência, mas não autoconfiança e determinação.

Em maio de 1887, Nellie chegou a Nova York crente que conseguiria um posto em algum dos grandes jornais da capital jornalística do país. Tentou pedir emprego nos diários mais tradicionais da cidade, o *New York Sun* e o *New York Herald*, e no mais ousado, o *New York World*. Na maioria das vezes, não conseguia nem passar da porta de entrada das redações. Eram muitos os concorrentes e havia poucas vagas — e ela era mulher.

Surgiu uma chance: o *World* estava recrutando um repórter para fazer uma viagem de balão entre Nova York e St. Louis, no Missouri, e relatar a experiência. Nellie se candidatou, e recebeu mais um não. Era uma empreitada perigosa demais para uma senhorita, foi o que ouviu.

Depois de três meses, o dinheiro estava no fim, e ela ainda não tinha conseguido nada. Voltou a bater na porta do jornal de Pulitzer. Dessa vez, propôs-se a voltar de navio da Europa para retratar a realidade dos imigrantes que chegavam aos Estados Unidos. Os editores não gostaram da pauta, mas sugeriram outra: "e se você fingisse estar louca para ganhar acesso a uma instituição psiquiátrica famosa por maltratar suas pacientes?".

Foi assim que Nellie deu início a sua carreira de repórter investigativa.

Bessie Bramble, uma das únicas mulheres colunistas no *Dispatch* na época, escreveu que Nellie realizara uma "façanha jornalística" que poucos homens da profissão haviam alcançado. "Ela mostrou que coragem, perfeição no ofício e habilidades investigativas não são monopólio dos irmãos de ofício."

Nellie Bly foi uma das primeiras repórteres que ficaram conhecidas como *muckrakers*. O termo era usado para definir os profissionais que reviravam a sujeira para expor corrupção e outros malfeitos, especialmente de instituições e empresas bem estabelecidas, assim como do governo. Eram jornalistas que se arriscavam por suas reportagens. Hoje a palavra *muckraker* é utilizada para designar repórteres que investigam a fundo um tema.

Entre o final do século 19 e as primeiras décadas do século 20, parte do jornalismo americano passou por uma grande transformação. Vivia-se a chamada Era Progressista nos Estados Unidos, quando uma parcela da população acordou para a importância das leis trabalhistas, dos direitos do consumidor, da qualidade dos alimentos, do combate ao trabalho infantil. O governo aprovou várias reformas e abraçou a bandeira da luta contra a corrupção. O jornalismo investigativo contribuiu imensamente para essas mudanças.

Os expoentes do jornalismo *muckraking* eram pessoas como Upton Sinclair, que escreveu o romance *The Jungle* depois de passar sete semanas trabalhando em um frigorífico em Chicago. Em uma série de reportagens, e depois no livro, que saiu em 1906, Sinclair denunciou as péssimas condições de trabalho dos imigrantes nesses frigoríficos e a falta de higiene no processamento da carne. As reportagens ajudaram na criação da agência que se transformaria na Food and Drug Administration.

Ida Tarbell, uma ex-professora de ensino médio, escreveu reportagens sobre as práticas abusivas da Standard Oil Company — empresa de petróleo que foi a maior de sua época — e de seu dono, John D. Rockefeller. As matérias viraram livro, e, alguns anos depois, em 1911, a Suprema Corte americana determinou que a Standard Oil fosse desmembrada, porque violava as regras antitruste da Lei Sherman.

Nellie Bly também pode ser considerada uma precursora do jornalismo engajado da feminista Gloria Steinem. Em 1963, Gloria se inscreveu no processo de seleção das coelhinhas do

Playboy Club, em Nova York. Mentindo ser mais nova, conseguiu a vaga e relatou em reportagem como era a vida dessas mulheres mal pagas, que passavam horas equilibradas em saltos altíssimos, enchendo o decote de papel para fazer o busto parecer maior, sendo importunadas por homens bêbados.

Poderíamos até dizer que Nellie foi a vanguarda do jornalismo gonzo de Hunter S. Thompson — talvez com bem menos álcool e drogas. As reportagens de Thompson romperam mais radicalmente com as fronteiras entre o jornalista e seu assunto, e até mesmo as barreiras entre ficção e não ficção.

Com tudo isso, a vida de Nellie Bly ainda teve espaço para uma volta ao mundo, um casamento, uma falência e uma guerra. Primeiro, ela bateu o recorde de Phileas Fogg, personagem do romance de Júlio Verne, ao percorrer o globo sozinha em 72 dias. Mas ainda teve de ouvir perguntas do tipo: "Como conseguiu arrumar uma mala tão pequena para viajar, sendo uma mulher?". Depois, se casou, presidiu uma indústria siderúrgica após a morte do marido, patenteou latas de aço, foi levada à bancarrota e voltou ao jornalismo para ser a primeira mulher a cobrir a Primeira Guerra Mundial no front da Áustria e da Sérvia.

Em todas as suas missões, a repórter mantinha os olhos atentos para detalhes, a sensibilidade para as dificuldades das pessoas mais pobres e, principalmente, o desejo de ultrapassar as barreiras impostas às mulheres.

Hoje, as faculdades e as redações estão lotadas de repórteres mulheres. Talvez não seja mais necessário fazer reportagens-proeza, passar dez dias em um hospício ou dar a volta ao mundo para conseguir um emprego em jornalismo. Mas ainda estamos muito longe de romper o teto de vidro acima de nossas cabeças. Mais de cem anos depois de Nellie Bly provar que "coragem, perfeição no ofício e habilidades investigativas não são monopólio dos irmãos de ofício", nós ainda nos vemos obrigadas a demonstrar que não existem empreitadas perigosas demais para senhoritas.

Apesar do caminho que Nellie trilhou, demonstrar competência e trabalhar duro não basta para as mulheres garantirem seu espaço no jornalismo. Ainda hoje, no Brasil e em muitos outros países, as jornalistas se veem obrigadas a provar que não precisam usar sedução para conseguir notícias exclusivas, que não há nada de errado em ter uma mulher chefiando centenas de homens em uma redação e que elas merecem o mesmo respeito que seus colegas do sexo masculino.

PATRÍCIA CAMPOS MELLO

Introdução

Quase quatro meses depois de se mudar para Nova York para conseguir trabalho como jornalista, Nellie Bly não tinha nenhuma oferta de emprego e estava praticamente sem dinheiro. Ela então pediu uma passagem emprestada para sua senhoria, foi até Park Row, convenceu os guardas a deixarem-na entrar no edifício do jornal *New York World* e deu um jeito de conseguir uma entrevista com o editor-chefe. Quando se ofereceu para ir à Europa e voltar na terceira classe de um navio para escrever sobre a experiência dos imigrantes que chegavam aos Estados Unidos em números nunca antes vistos, ele rejeitou a ideia, considerando-a muito complexa para uma iniciante. Em vez disso, perguntou-lhe se estaria disposta a se internar no Hospício de Alienados de Blackwell's Island, uma faixa de terra hostil no East River que abrigava a maior parte das prisões, hospitais de caridade e reformatórios de Nova York.* Ela não só estava disposta como o fez. Fingindo insanidade, Bly ganhou acesso a um dos manicômios mais temidos da cidade, uma instituição de caridade conhecida pelas condições precárias e pelos supostos maus-tratos que os pacientes sofriam. Publicada em

---

* Hoje a Blackwell's Island se chama Roosevelt Island. (N.E.)

dois fascículos ilustrados, a reportagem de Bly documentou sua jornada, que se inicia numa pensão no Lower East Side — na qual seu comportamento foi bizarro o suficiente para que a proprietária do local chamasse a polícia — e passa por uma sala de audiências no Essex Market, onde um juiz compreensivo comentou que ela devia ser a "queridinha de alguém" e que provavelmente tinha sido drogada, mas não viu outra solução senão interná-la. A jornada passa ainda por uma ala psiquiátrica da cidade, no Bellevue Hospital, onde Nellie foi examinada e declarada "louca, sem dúvida alguma", até chegar a Blackwell's Island, onde ficou confinada por dez dias. A performance de Bly como mulher louca foi tão convincente que seu caso atraiu o interesse dos jornais da concorrência e de seus repórteres, que não sabiam se tratar de uma farsa. Quando o relato de Bly veio à tona, os editores do *World* se refestelaram republicando os artigos nos quais seus rivais tinham detalhado o "triste caso" e especulado sobre o mistério da moça louca e desconhecida que diziam ser bonita, bem-vestida e provavelmente cubana (Bly incorporara a sua performance algumas palavras em espanhol que aprendera em viagens pelo México). A façanha de Bly lhe rendeu um cargo permanente no *New York World* e atraiu a atenção de jornais de toda a América do Norte; muitos apontaram que era perturbador que uma jovem sem nenhum treinamento específico fosse capaz de enganar especialistas com tanta facilidade. Os relatos de Bly sobre o hospício também foram um empurrão decisivo para iniciativas que já vinham reivindicando melhorias para as instituições superlotadas e inadequadas de Blackwell's Island. Antes que o ano de 1887 chegasse ao fim, um conselho municipal votou a favor de um aumento significativo no orçamento destinado aos cuidados com os doentes psiquiátricos: o valor repassado ao Departamento de Caridade Pública e Correção de Nova York subiu de 1,5 milhão para 2,34 milhões de dólares, e 50 mil dólares foram reservados ao Hospício de Alienados de Blackwell's Island.

ATRÁS DAS GRADES DO HOSPITAL DE ALIENADOS

O mistério da moça louca e desconhecida

✴

O EXTRAORDINÁRIO RELATO
DE UMA LOUCURA FINGIDA
QUE CONVENCEU A TODOS

✴

**Como Nellie Brown enganou juízes,
repórteres e especialistas da área médica**

✴

ELA CONTA A HISTÓRIA DE COMO FOI ADMITIDA NO
BELLEVUE HOSPITAL SEM QUE NINGUÉM DESCONFIASSE

✴

*Ensaiando para o papel de alienada diante do espelho
e colocando-o em prática no Abrigo Temporário para Mulheres —
Detida e levada ao juiz Duffy — Juiz declara que ela é a queridinha
da mamãe e que o lembra de sua irmã — Submetida aos cuidados dos
especialistas em doenças mentais de Bellevue — Declarada louca —
O tratamento brutal que Bellevue reserva aos alienados —
"Pacientes da ala de caridade não deviam reclamar" — Autênticos
relatos da vida no hospital — Como nossos estimados colegas
seguiram pistas falsas — Esclarecimentos de que eles muito
necessitam — Passagens fascinantes sobre a experiência
de uma jornalista infiltrada do sexo feminino.*

1. Uma missão delicada

No dia 22 de setembro, o jornal *The World* propôs que eu me internasse em um dos hospícios de alienados de Nova York para escrever um relato franco e direto sobre o tratamento dispensado aos pacientes e os métodos de administração, entre outros assuntos. Eu acreditava ter a coragem necessária para enfrentar as dificuldades que tal missão apresentaria? Seria capaz de simular as características da loucura de forma a convencer os médicos e viver por uma semana entre as loucas, sem que as autoridades descobrissem que eu não passava de uma denunciante infiltrada? Respondi que sim. Eu tinha alguma confiança nas minhas habilidades de atuação e me julgava capaz de simular loucura por tempo suficiente para realizar qualquer missão que me fosse atribuída. Poderia passar uma semana na ala de alienados de Blackwell's Island? Eu disse que não só poderia como iria. E assim fiz. A única instrução que recebi foi que me dedicasse ao trabalho assim que estivesse preparada. Meu dever seria documentar de forma fiel as experiências pelas quais eu passasse e, uma vez dentro do hospital, descobrir e descrever seu funcionamento interno, que nunca chega ao conhecimento do grande público — graças às enfermeiras em seus quepes brancos e às grades e fechaduras. "Não queremos que você vá até lá com o propósito de fazer revelações espantosas. Descreva os fatos como eles são, bons ou maus; faça elogios ou críticas como bem entender e busque sempre a verdade. Mas esse seu sorriso crônico me preocupa", disse o editor. "Não vou mais sorrir", eu disse, e assim fui me preparar para minha delicada e — conforme viria a descobrir — difícil missão.

OS PREPARATIVOS

Coube a mim cuidar de todos os preparativos da minha provação. Só um detalhe estava decidido, a saber, que eu deveria ingressar no hospital sob o pseudônimo de Nellie Brown, cujas iniciais coincidiriam com meu nome verdadeiro e com as letras gravadas em minha roupa de cama, para que assim não houvesse dificuldade em acompanhar meus movimentos e me ajudar a lidar com quaisquer problemas que pudesse arranjar. Havia maneiras de entrar no hospital de alienados, mas eu não as conhecia. Duas opções me ocorreram: me fingir de louca na casa de amigos e ser internada por decisão de dois médicos competentes, ou atingir meu objetivo por meio dos tribunais de polícia. Após alguma reflexão, julguei mais prudente não prejudicar meus amigos nem envolver médicos idôneos em meu intento. Além do mais, para que eu fosse parar em Blackwell's Island, meus amigos teriam de alegar dificuldades financeiras, e, para minha infelicidade nessa situação específica, meu contato com os mais pobres, com exceção de mim mesma, era muito superficial. Assim decidi seguir o plano que mais tarde se revelou bem-sucedido, e ao qual a maior parte do relato a seguir será dedicada. Consegui ser admitida na ala de alienados de Blackwell's Island, onde passei dez dias e dez noites e vivi uma experiência que jamais esquecerei. Assumi a responsabilidade de representar o papel de uma pobre menina demente e desafortunada, e me comprometi a não me esquivar de nenhuma das possíveis consequências desagradáveis de minha decisão. Eu me adaptei à rotina de um dos hospícios da cidade durante esse período, vivi muitas coisas, e vi e ouvi ainda mais coisas a respeito do tratamento concedido a essa classe tão vulnerável da nossa sociedade, e, assim que tinha visto e ouvido o suficiente, fui prontamente liberada. Deixei o hospital de alienados com prazer e remorso — prazer por ter uma nova chance de respirar o ar livre do paraíso; remorso por não poder levar comigo algumas das mulheres desafortunadas que viveram e sofreram ao meu lado, e que acredito serem tão sãs quanto eu mesma era e sou. E permitam-me dizer uma coisa: desde o momento em que entrei no hospício da ilha, não fiz nenhum esforço para me manter no suposto papel de louca. Falei e agi exatamente como faço no meu dia a dia. Por incrível que pareça, quanto mais eu agia e falava com lucidez, mais louca me consideravam, com a exceção de um só médico cuja bondade e delicadeza não esquecerei tão cedo.

APRONTANDO-ME PARA A PROVAÇÃO

Mas voltemos ao meu trabalho e à missão. Depois de receber as instruções, voltei à minha pensão e, no início da noite, comecei a ensaiar para o papel que estrearia no dia seguinte. Que tarefa difícil, pensei, colocar-me diante de um grupo de pessoas e convencê-las de minha loucura. Até então eu nunca estivera na presença de loucos e não tinha a menor ideia de como se comportavam. E, depois, ser examinada por uma porção de médicos instruídos que fazem da loucura sua especialidade e convivem diariamente com pessoas loucas. Como eu poderia esperar enganar esses médicos, fazê-los pensar que eu era maluca? Temi que eles não pudessem ser enganados. Comecei a pensar que minha tarefa era impossível. Mas era preciso tentar. Então corri até o espelho e observei meu rosto. Lembrei-me de tudo o que tinha lido sobre o comportamento dos dementes, de que eles sempre tinham um olhar fixo, então arregalei os olhos o máximo que pude e encarei meu próprio reflexo sem piscar. Garanto-lhes que essa não foi uma visão animadora nem para mim mesma, ainda mais àquela altura da noite. Tentei aumentar a calefação na esperança de estimular minha coragem. Não obtive o resultado esperado, mas me consolei pensando que dentro de algumas noites eu não estaria mais ali, e sim trancada numa cela na companhia de um bando de lunáticas. Não fazia frio, mas, mesmo assim, quando eu pensava no que me aconteceria, calafrios invernais me corriam pelas costas de cima a baixo, quase zombando da transpiração que ia desfazendo, ainda que lentamente, os cachos da minha franja. Entre os ensaios diante do espelho e os momentos em que me dedicava a imaginar meu futuro como uma mulher lunática, li trechos de histórias de assombração improváveis e impossíveis, de forma que, quando a manhã chegou para afugentar a noite, eu estava num humor adequado à minha missão, mas ainda com fome suficiente para ter vontade de tomar café da manhã. Tomei meu banho matinal sem pressa e com tristeza, e em silêncio me despedi de alguns dos artigos mais preciosos que a civilização moderna já conhecera. Pousei minha escova de dentes com ternura e, quando me ensaboei pela última vez, murmurei: "Talvez seja por alguns dias, talvez... um pouco mais". Então vesti as roupas velhas que escolhera para a ocasião. De repente me peguei observando tudo com muita seriedade. É melhor me permitir um último "olhar de ternura", ponderei, pois quem poderia garantir que a tensão de fingir loucura e ficar presa com um grupo de insanas não deformaria meu cérebro e eu nunca mais voltaria a ser a mesma? Mas nem sequer uma vez pensei em me esquivar da missão. Com calma, pelo menos na aparência, saí para fazer minha maluquice. Fui andando pela Segunda Avenida. O combinado era que eu desse entrada em um dos muitos abrigos temporários ou albergues para mulheres que havia na cidade, e que uma vez lá dentro fizesse tudo ao meu alcance para avançar na minha jornada rumo a Blackwell's Island. O local escolhido foi o Abrigo Temporário para Mulheres do número 84 da Segunda Avenida.

II. No abrigo temporário

Só me restava começar minha carreira como Nellie Brown, a garota louca. Enquanto andava pela avenida, adotei a expressão que as moças ostentam em retratos intitulados "Sonhando". Atravessei o pequeno pátio pavimentado que levava à entrada do abrigo. Toquei a campainha, que me pareceu tão ruidosa quanto um sino de igreja, e esperei, nervosa, até que alguém abrisse a porta do lugar que, de acordo com meus planos, logo me expulsaria e me relegaria à boa vontade da polícia. A porta foi aberta com força redobrada, e uma menina baixinha de cabelos loiros e cerca de treze primaveras colocou-se diante de mim.

"A supervisora está?", perguntei com a voz fraca.

"Está, mas está ocupada. Vá até o salão dos fundos", respondeu a menina falando alto, sem que nenhuma mudança ocorresse em seu rosto estranhamente maduro.

Segui essas instruções, nem educadas nem muito gentis, e me vi num salão escuro e desconfortável. Lá aguardei que minha anfitriã chegasse. Estava sentada havia pelo menos vinte minutos quando uma mulher esguia, trajando um vestido escuro e simples, entrou e, parando à minha frente, lascou um curioso "Sim?".

"A senhora é a supervisora?", perguntei.

"Não", ela respondeu. "A supervisora está doente, sou a ajudante dela. O que você quer?"

"Quero ficar aqui por alguns dias, se puderem me abrigar."

"Bem, estou sem quartos individuais, o abrigo está lotado, mas, se quiser dividir um quarto com outra moça, posso lhe fazer esse favor."

"Ficarei contente", respondi. "Quanto vocês cobram?" Eu só trouxera cerca de setenta centavos, sabendo muito bem que tão logo me faltassem recursos eu seria mandada embora, e eu estava empenhada em ser mandada embora.

"Cobramos trinta centavos por noite" foi sua resposta à minha pergunta. Eu então lhe paguei pela noite e em seguida ela se retirou, dizendo que tinha outros assuntos a tratar. Deixada para me entreter a meu bel-prazer, pus-me a examinar o ambiente. Quando enfim me familiarizei com o alojamento, um sino barulhento como a campainha começou a ressoar no porão, e nesse momento mulheres vindas de todas as direções da casa começaram a descer as escadas. Imaginei, pelos óbvios sinais, que estivessem servindo o almoço, porém, como ninguém me dissera nada, sequer tentei me juntar à fila das famintas. De fato, desejei que alguém me convidasse a descer, e fiquei contente quando a ajudante da supervisora se aproximou e perguntou se eu queria comer alguma coisa. Disse que queria, e depois lhe perguntei como se chamava. Sra. Stanard, ela disse, e na mesma hora anotei seu nome num caderno que eu levara para fazer meus memorandos, e no qual escrevera várias páginas de baboseiras sem sentido para os cientistas intrometidos. Feito isso, aguardei que o resto acontecesse. Meu almoço, porém... Bem, segui a sra. Stanard pela escada sem tapete que levava ao porão, onde muitas mulheres comiam. Ela encontrou um lugar para mim numa mesa com três outras mulheres. A criada de cabelo curto que abrira a porta reapareceu servindo as mesas. Levando as mãos ao quadril e dando-me um susto, ela disse:

"Carneiro cozido, carne cozida, feijão, batata, café ou chá?"

"Carne, batata, café e pão", eu respondi.

"O pão vem junto", ela explicou já se dirigindo à cozinha, que ficava nos fundos. Não demorou para que voltasse trazendo o que pedi em uma bandeja larga e muito marcada pelo uso, pousando-a diante de mim com um baque. Comecei minha modesta refeição. Não era das mais apetitosas, então observei as outras enquanto fingia comer. Depois do almoço subi as escadas e voltei ao meu lugar no salão dos fundos. Estava com frio, incomodada, e já tinha decidido que não suportaria aquela situação por muito tempo, de forma que quanto antes mostrasse meus trejeitos de louca, mais cedo me livraria daquele ócio forçado. Ah, sem dúvida aquele foi o dia mais longo que já vivi. Observei com apatia as mulheres no salão da frente, onde todas estavam sentadas, menos eu. Uma delas só fazia ler e coçar a cabeça, e de vez em quando chamava "Georgie" com voz suave, sem tirar os olhos de seu livro. "Georgie" era seu menininho, muito vivaz e mais barulhento do que qualquer outra criança que eu já vira. Ele fazia todas as grosserias e malcriações possíveis, pensei, e a mãe nunca dizia nada, a não ser que ouvisse alguém gritar com ele. Havia outra mulher que adormecia e em seguida acordava a si mesma com o próprio ronco. Senti uma gratidão perversa pelo fato de ela não acordar mais ninguém. A maioria das mulheres ficava sentada sem fazer nada, mas havia algumas que faziam renda e tricotavam sem parar. A imensa campainha parecia não ter descanso, assim como a garota de cabelo curto. Esta última, aliás, era uma daquelas meninas que passam o tempo inteiro cantando trechos de todas as canções religiosas e populares lançadas nos últimos cinquenta anos. Quem diz que hoje em dia não há mais martírio se engana. Com a campainha vieram mais pessoas que buscavam um lugar para passar a noite. À exceção de uma senhora que viera do campo para um dia de compras na cidade, todas as mulheres trabalhavam, e algumas tinham filhos. Quando já era quase noite, a sra. Stanard veio até mim e disse:

ELA DÁ OS PRIMEIROS SINAIS

"O que foi que aconteceu com você? Algum desgosto, algum problema?"

"Não", eu disse, quase atordoada por aquela insinuação. "Por quê?"

"Ah, porque", ela respondeu, com ares muito femininos, "estou vendo na sua cara. Ela conta a história de muitas dificuldades."

"Sim, é tudo tão triste...", eu disse, tentando parecer atabalhoada para refletir minha loucura.

"Mas não permita que isso a preocupe. Todas temos nossos problemas, mas com o tempo a gente resolve tudo. Que trabalho você está tentando arranjar?"

"Não sei; é tudo tão triste", respondi.

"Quer ser enfermeira de crianças e usar um belo quepe branco, um avental?", ela perguntou.

Levei meu lenço ao rosto para esconder um sorriso e respondi com a voz abafada: "Eu nunca trabalhei, não sei trabalhar".

"Mas você precisa aprender", ela insistiu, "todas as mulheres aqui trabalham."

"Trabalham, é?", respondi num sussurro grave e trêmulo. "Ora, elas me parecem horríveis; iguaizinhas às loucas. Eu morro de medo delas."

"Elas não têm a melhor das aparências", ela concordou, "mas são mulheres trabalhadoras, honestas. Aqui a gente não recebe gente louca."

Mais uma vez usei meu lenço para esconder um sorriso, pensando que antes da manhã seguinte ela acreditaria que pelo menos uma das mulheres de seu rebanho era louca.

"Todas elas parecem loucas", declarei de novo, "e me dão medo. Tem tanta gente louca por aí, e não dá para saber o que essa gente é capaz fazer. E tem tantos assassinatos, e a polícia nunca pega os assassinos", e terminei minha fala com um soluço que teria convencido até uma plateia de críticos impassíveis. Ela fez um movimento súbito e convulsivo, e então eu soube que minha primeira tentativa tinha sido um sucesso. Foi divertido vê-la se levantar da cadeira com notável rapidez, sussurrando apressada: "Daqui a pouco eu volto para falar com você". Eu sabia que ela não ia voltar, e ela não voltou. Quando o sino do jantar tocou, segui as outras até o porão e partilhei da refeição noturna, que era similar ao almoço, embora houvesse menos opções no menu e mais pessoas, pois as mulheres que trabalhavam na rua durante o dia tinham voltado. Depois do jantar fomos até os salões, onde nos sentamos, ou ficamos em pé, pois não havia cadeiras suficientes para todas as presentes. Observei duas mulheres que pareciam ser as mais sociáveis do grupo, e decidi que seriam as responsáveis por minha salvação, ou, melhor dizendo, por meu julgamento e minha condenação. Pedindo-lhes licença e dizendo que me sentia solitária, perguntei se podia juntar-me a elas. Elas consentiram com modos graciosos, então, ainda usando chapéu e luvas, que ninguém me pedira para tirar, sentei-me e ouvi a conversa um tanto enfadonha das duas, na qual não tomei parte em nenhum momento, atendo-me a continuar com minha expressão triste e a reagir com "Sim" ou "Não" ou "Não sei dizer" a seus comentários. Eu lhes disse várias vezes que todas as mulheres da casa me pareciam loucas, mas elas demoraram para captar minha observação. Uma delas disse que seu nome era sra. King e que vinha do Sul. Depois disse que eu tinha sotaque sulista. Sem pestanejar, ela me perguntou se eu tinha mesmo vindo do Sul. Eu disse que sim. Então a outra mulher começou a falar sobre os barcos que iam para Boston e me perguntou se eu sabia a que horas saíam. Por um momento me esqueci do meu papel e lhe disse o horário correto. Depois ela me perguntou que tipo de trabalho eu ia fazer ou se eu já tinha trabalhado. Respondi que eu achava muito triste que houvesse tantos trabalhadores no mundo. Em resposta, ela disse que tinha dado o azar de vir para Nova York, onde trabalhara revisando as provas de um dicionário médico por algum tempo, mas que a tarefa prejudicara sua saúde e que agora ela voltaria para Boston. Quando a enfermeira passou para dizer que fôssemos nos deitar, eu comentei que estava com medo, e mais uma vez arrisquei-me a afirmar que todas as mulheres da casa pareciam loucas. A enfermeira insistiu que eu me deitasse. Perguntei se não podia ficar sentada na escada, mas ela disse com firmeza: "Não, porque todo mundo vai achar que você é louca". Por fim deixei que me levassem para um quarto.

A DESCOBERTA DE UMA ALMA BOA

Aqui, devo introduzir uma nova personagem na minha narrativa, apresentando-a pelo nome. É a mulher que havia sido revisora e estava prestes a voltar para Boston. Era a senhora Caine, uma pessoa valente e generosa em igual medida. Ela entrou no meu quarto, sentou-se e conversou comigo por um longo tempo, soltando meu cabelo com gestos delicados. Ela tentou me convencer a trocar de roupa e ir para a cama, mas eu me recusei, teimosa. A essa altura uma parte das pensionistas tinha se aglomerado ao nosso redor. Elas expressavam suas opiniões de diferentes formas. "Coitada dessa maluca!" "Ora, ora, ela é louquinha de tudo!" "Tenho medo de ficar aqui com essa criatura louca na casa." "Até amanhecer ela vai ter matado a gente." Uma mulher sugeriu que chamassem um policial para me levar embora de uma vez. Estavam verdadeiramente apavoradas. Ninguém queria ficar responsável por mim, e a mulher que a princípio dividiria o quarto comigo declarou que nem por todo o dinheiro do mundo ficaria com "aquela louca". Foi aí que a sra. Caine disse que ficaria comigo. Eu lhe disse que estava de acordo, então só lhe restou ficar. Ela não trocou de roupa, apenas se deitou na cama, atenta aos meus movimentos. Tentou fazer com que eu me deitasse, mas eu estava com medo. Sabia que à primeira chance eu dormiria em absoluta paz e sonharia como uma criança. Corria o risco de entregar o ouro, para usar uma gíria. Decidi passar a noite em claro. Insisti em ficar sentada ao lado da cama, olhando para o nada. Minha pobre companheira ficou num estado lamentável de tristeza. De tempos em tempos levantava-se para ver como eu estava. Ela disse que meus olhos brilhavam em demasia e começou a me interrogar, perguntando onde eu morava antes, quando tinha chegado a Nova York, o que fazia e muitas outras coisas. Para todas as perguntas eu tinha apenas uma resposta — eu lhe dizia que tinha esquecido tudo, que desde que minha dor de cabeça tinha começado eu não me lembrava de nada.

Pobrezinha. Com que crueldade eu a torturei, e que coração bom ela tinha! Como eu torturei todas aquelas mulheres. Uma delas sonhou comigo — ou melhor, teve um pesadelo. Depois de mais ou menos uma hora no quarto, eu mesma levei um susto ao ouvir uma mulher gritar no cômodo ao lado. Comecei a achar que já estava no hospício. A sra. Caine levantou-se e olhou ao redor, aterrorizada, tentando ouvir o que se passava. Depois saiu e foi até o quarto ao lado, e eu a ouvi fazer perguntas a outra mulher.

Quando voltou, disse-me que a mulher tivera um pesadelo medonho. Tinha sonhado comigo. A mulher havia me visto, pelo que contou, correndo em sua direção com uma faca, decidida a matá-la. Ao tentar fugir, ela felizmente tinha conseguido gritar, e assim se forçou a acordar e espantou o pesadelo. Então a sra. Caine voltou para a cama, bastante agitada, mas sonolenta. Eu também estava cansada, mas tinha me preparado e estava decidida a passar a noite toda acordada, de forma a garantir que minha imitação fosse bem-sucedida pela manhã. Ouvi o sinal da meia-noite. Ainda me restavam seis horas até o nascer do sol. O tempo passava com uma vagareza insuportável. Minutos pareciam horas. Os barulhos da casa e da avenida cessaram. Fiquei pensando em acontecimentos do passado. Comecei do começo e, depois de viver de novo quinze ou vinte anos de minha existência, percebi que só haviam se passado cinco minutos. Não encontrando mais nada em que pensar sobre o passado, ousei voltar meus pensamentos ao futuro, perguntando-me, antes de tudo, o que o dia seguinte me revelaria, depois fazendo planos para a execução do meu projeto. Perguntei-me se conseguiria atravessar o rio e concretizar a estranha ambição de me tornar uma das habitantes dos corredores ocupados por minhas irmãs mentalmente prejudicadas. E depois, uma vez lá dentro, como seria minha experiência? E depois? Como sair? Bobagem!, pensei. Eles vão me tirar de lá.

Olhei em direção à janela e saudei com alegria o primeiro sinal da luz trêmula da alvorada. A luz foi ficando cada vez mais forte e cinzenta, mas, para minha surpresa, o silêncio continuou intacto. Minha colega dormia. Eu ainda tinha uma ou duas horas pela frente. Felizmente consegui ocupar meus pensamentos. Em seu período de confinamento, Roberto de Bruce renovou sua confiança no futuro, além de passar o tempo da forma mais agradável possível naquelas circunstâncias, observando a famigerada aranha que tecia sua teia.* Não tive parasitas tão nobres à minha disposição, mas acredito ter feito descobertas de grande valor no âmbito da história natural. Estava quase caindo no sono contra minha vontade quando de repente acordei num sobressalto. Pensei ter ouvido alguma coisa rastejar e cair na coberta da cama com um ruído quase inaudível. Tive a oportunidade de estudar minuciosamente essas criaturas tão interessantes. Sem dúvida tinham vindo para o café da manhã, e ficaram bastante desapontadas em descobrir que seu *plat* principal não estava lá. Saltitaram pelo travesseiro de um lado para o outro, reuniram-se para uma conversa que pareceu muito interessante e deram todos os sinais de estarem intrigadas com a ausência de um desjejum saboroso. Depois de uma discussão mais ou menos demorada, elas enfim desapareceram, procurando vítimas em outro lugar e deixando que eu passasse os longos minutos seguintes dedicando minha atenção às baratas, que me surpreenderam com seu tamanho e agilidade.

COMPAIXÃO POSTA À PROVA

Minha colega de quarto dormia profundamente havia muito tempo, mas naquele momento despertou e demonstrou surpresa ao me encontrar ainda acordada e aparentando estar com a corda toda. Como sempre, mostrou-se muito compreensiva. Foi até mim, segurou

---

* Diz a lenda que Roberto de Bruce (1274-1329), autoproclamado rei da Escócia, se sentiu inspirado ao observar uma aranha tentar por sete vezes se lançar de uma viga a outra, até conseguir. Bruce teria encarado o fato como uma mensagem de perseverança para que não desistisse de lutar pela Escócia. Anos depois, conseguiu expulsar os ingleses de seu país. Uma das hipóteses é que a história da aranha tenha sido uma criação de Sir Walter Scott no livro *Tales of a Grandfather: Being Stories Taken from Scottish History* [Contos de um avô: Histórias inspiradas na história da Escócia], publicado em 1828. (N.E.)

minhas mãos e fez de tudo para me consolar, depois perguntou se eu queria voltar para casa. Fez que eu ficasse no andar de cima até quase todos terem saído do abrigo, e então me levou para o porão para tomarmos café com pão. Depois do café, que compartilhamos em silêncio, voltei para o quarto, onde me sentei, abatida. A sra. Caine foi ficando cada vez mais inquieta. "O que se pode fazer?", ela não parava de perguntar. "Onde estão seus amigos?" "Não", eu respondi, "eu não tenho amigos, mas tenho baús. Onde foram parar? Eu preciso dos meus baús." A boa mulher tentou me acalmar, dizendo que logo eu os encontraria. Ela acreditou que eu era louca. Eu a perdoo, no entanto. Só quando nos vemos em dificuldades descobrimos que a compaixão e a generosidade estão em falta neste mundo. No abrigo, as mulheres que não tinham medo de mim tentaram se entreter às minhas custas, e para isso me importunaram com perguntas e comentários que, se eu fosse de fato louca, seriam cruéis e desumanos. Só aquela única mulher em todo o grupo, a bela e delicada sra. Caine, demonstrou ter sentimentos dignos. Ela fez as outras pararem de zombar de mim e aceitou ficar com a cama da hóspede que se recusara a dormir ao meu lado. Ela se opôs à ideia de me deixarem sozinha e me trancarem durante a noite para me impedir de machucar as outras. Insistiu em ficar comigo para oferecer auxílio caso fosse necessário. Ajeitou meu cabelo, lavou meu rosto e falou comigo com a calma de uma mãe que cuida do filho doente. Fez tudo que estava ao seu alcance para me convencer a me deitar e descansar, e quando a manhã se aproximou ela se levantou e me enrolou num cobertor, com receio de que eu estivesse com frio; depois me beijou a testa e murmurou com ternura: "Pobre menina, pobre menina!". Como admirei a coragem e a bondade daquela mulher pequenina! Como desejei acalmá-la sussurrando em seu ouvido que eu não era louca, e que só me restava torcer para que, se um dia alguma pobre menina tivesse a infelicidade de ser o que eu fingia ser, ela encontrasse alguém com o mesmo espírito e generosidade humana da sra. Ruth Caine.

iii. A chegada da polícia

Mas voltemos à história. Continuei desempenhando meu papel até a ajudante da supervisora, sra. Stanard, aparecer. Ela tentou me convencer a ficar quieta. Não tive dúvida de que queria me tirar da casa a qualquer custo, e, se possível, sem alarde. Isso eu não ia permitir. Não saí do lugar, mas continuei repetindo que tinha perdido meus baús. Por fim alguém sugeriu que chamassem a polícia. Depois de algum tempo a sra. Stanard vestiu seu *bonnet* e saiu. Nesse momento eu soube que estava cada vez mais próxima da casa de loucos. Logo ela voltou, trazendo consigo dois policiais — homens grandes e fortes — que entraram no quarto sem cerimônia, obviamente esperando encontrar uma pessoa completamente surtada. Um deles se chamava Tom Bockert. Quando entraram, fingi que não os vi. "Quero que vocês a levem em silêncio", disse a sra. Stanard. "Se ela não aceitar", respondeu um dos homens, "vou arrastá-la pela rua." Continuei fazendo que não os via, mas sem dúvida preferia evitar um escândalo. Felizmente a sra. Caine tentou me ajudar, contando aos policiais sobre minhas reclamações a respeito dos baús perdidos, e juntos bolaram um plano para me convencer a acompanhá-los, prometendo que depois me ajudariam a encontrar meus pertences. Perguntaram se eu iria. Eu disse que tinha medo de ir sozinha. Então a sra. Stanard disse que me acompanharia, e sugeriu que os dois policiais nos seguissem a uma distância respeitosa. Ela amarrou meu véu, e saímos da casa pelo porão, andando pela cidade com os dois policiais nos seguindo de longe. Caminhamos muito e enfim chegamos à delegacia, que a boa mulher afirmou se tratar da estação de entrega de bagagens, prometendo que ali encontraríamos meus pertences. Entrei com temor e tremor, e tinha motivos para tanto.

DIANTE DO CAPITÃO MCCULLAGH

Eu me lembrava bem da delegacia, porque dez dias antes estivera lá e vira o capitão McCullagh, a quem solicitei informações de um caso sobre o qual escrevi como jornalista. Se ele estivesse lá, seria capaz de me reconhecer? Nesse caso não me restaria qualquer chance de chegar a Blackwell's Island. Puxei meu chapéu de palha de aba larga para que cobrisse o máximo possível do rosto e me preparei para a provação. Dito e feito; lá estava o robusto capitão McCullagh, em pé ao lado de sua mesa. "Seu nome é Nellie Brown?", ele perguntou. Eu disse que achava que sim. "De onde você é?", ele perguntou. Eu disse que não sabia, e a sra. Stanard lhe ofereceu muitas informações a meu respeito — contando-lhe como eu me comportara de forma estranha no abrigo, como eu não pregara o olho a noite toda, e que em sua opinião eu era uma pobre coitada que tinha sido tratada de forma desumana e por consequência enlouquecera. O capitão McCullagh, a sra. Stanard e os dois policiais debateram o assunto por um tempo, e depois Tom Bockert foi instruído a nos levar de charrete até a sala de audiências.

"Venha comigo", Bockert disse, "vou encontrar o seu baú." Fomos todos juntos; a sra. Stanard, Tom Bockert, seu colega e eu. Eu disse que era muito gentil da parte deles me acompanhar e que não me esqueceria deles tão cedo. À medida que andávamos, continuei repetindo a reclamação sobre os baús, de quando em quando fazendo algum comentário sobre a imundície das ruas ou as figuras excêntricas pelas quais passávamos no caminho. "Acho que eu nunca vi gente assim", dizia. "Quem são essas pessoas?", perguntava, e meus companheiros me olhavam com pena, certamente imaginando que eu fosse estrangeira, imigrante ou algo desse tipo. Disseram-me que as pessoas ao meu redor pertenciam à classe trabalhadora. Mais uma vez comentei que havia trabalhadores demais no mundo, e muito pouco trabalho para fazer, ao que o policial P.T. Bockert me fitou com atenção, sem dúvida pensando que eu perdera a cabeça de vez. Passamos por vários outros policiais, e quase todos perguntaram aos meus dois guardiões fortões o que havia de errado comigo. A essa altura uma porção de crianças esfarrapadas começou a nos seguir, e suas observações sobre mim me pareceram originais e divertidas.

"Ela se meteu em confusão, é?", "Conta pra gente, seu guarda, onde acharam essa aí?", "Onde que ela tava?", "Ela é uma gracinha!".

A coitada da sra. Stanard estava mais assustada que eu mesma. A situação ia ficando deveras interessante, mas eu ainda temia o desfecho do meu encontro com o juiz.

À PROCURA DOS BAÚS PERDIDOS

Enfim chegamos a um edifício baixo, e, antes mesmo que eu perguntasse, Tom Bockert informou gentil: "Aqui é a estação de entrega de bagagens. Logo encontraremos os seus baús".

Comentei que muitas pessoas pareciam ter perdido baús. "Sim", ele disse, "quase todas essas pessoas estão procurando baús." Eu disse: "E além disso todas parecem estrangeiras". "Sim", disse Tom, "são todas estrangeiras que acabaram de desembarcar. Todas perderam seus baús, e ocupamos quase todo o nosso tempo tentando encontrá-los para elas."

Entramos na sala de audiências da Polícia de Essex Market. Enfim decidiriam se eu era sã ou insana. O juiz Duffy estava sentado atrás de uma mesa alta e sua expressão parecia sugerir que ele distribuía o mel da bondade no atacado. Temi não alcançar o destino que almejava por conta da bondade que via em cada ruga de seu rosto, e foi com o coração um tanto apertado que acompanhei a sra. Stanard quando ela atendeu ao chamamento para subir até a mesa, onde Tom Bockert acabara de relatar os fatos. "Venha cá", disse um policial. "Qual é o seu nome?"

"Nellie Brown", respondi, com um pouco de sotaque. "Perdi meus baús e gostaria que os senhores os encontrassem." "Quando a senhorita veio para Nova York?", ele perguntou. "Eu não vim para Nova York", respondi (enquanto acrescentava em pensamento: "Porque estou aqui há um bom tempo"). "Mas a senhorita está em Nova York agora", disse o homem. "Não", eu falei, com a expressão incrédula que imaginava que uma pessoa louca teria, "eu não vim para Nova York." "Essa menina vem do Oeste", ele disse, com um tom que me fez estremecer. "O sotaque dela é do Oeste." Nesse instante, um outro homem que vinha escutando o breve diálogo afirmou que tinha morado no Sul e que meu sotaque era completamente sulista, enquanto outro policial disse ter certeza de que era do Leste. Senti um grande alívio quando o primeiro porta-voz se virou para o juiz e disse: "Excelência, este é um caso peculiar de uma jovem mulher que não sabe quem é ou de onde veio. É melhor o senhor resolver de uma vez".

Comecei a tremer, não só de frio, e olhei ao meu redor, observando aquele estranho grupo composto de homens e mulheres vestidos de forma simplória que traziam histórias de dificuldade, abuso e pobreza estampadas no rosto. Alguns conversavam avidamente com amigos, enquanto outros permaneciam sentados com uma expressão de completo desengano. Por toda parte havia um punhado de policiais bem-vestidos e bem alimentados que fitavam a cena com ar passivo e quase indiferente. Para eles, aquela era só uma história batida. Mais uma infeliz de uma longa lista que deixara de lhes interessar ou preocupar havia muito tempo.

DIANTE DO JUIZ DUFFY

"Venha aqui, menina, e erga seu véu", disse o juiz Duffy, com um tom ríspido que eu não esperava que partisse daquele rosto tão gentil, e por isso me surpreendeu.

"Com quem você pensa que está falando?", perguntei da forma mais imponente que consegui.

"Venha cá, minha querida, e erga seu véu. Até a rainha da Inglaterra, se estivesse aqui, teria de erguer o véu", ele disse muito gentilmente.

"Melhor assim", eu respondi. "Não sou a rainha da Inglaterra, mas vou erguer meu véu."

Quando o fiz, o juizinho me encarou, e então, num tom muito bondoso e gentil, perguntou:

"Minha menina, o que aconteceu?".

"Não aconteceu nada, eu só perdi meus baús, e esse homem", apontando para o policial Bockert, "prometeu me levar ao lugar onde eu poderia encontrá-los."

"O que a senhora sabe sobre essa moça?", o juiz perguntou em tom austero à sra. Stanard, que estava ao meu lado, pálida e trêmula.

"Não sei de nada, exceto que ela veio para o abrigo ontem e pediu para passar a noite conosco."

"O abrigo! O que a senhora quer dizer com 'o abrigo'?", perguntou o juiz Duffy na mesma hora.

"É um abrigo temporário para mulheres que trabalham, fica no número 84 da Segunda Avenida."

"Qual é sua função lá?"

"Sou ajudante da supervisora."

"Bem, conte-nos tudo o que sabe sobre o caso."

"Quando estava entrando na casa ontem, eu a vi andando pela avenida. Ela estava sozinha. Eu tinha acabado de entrar quando a campainha tocou. Quando falei com ela, quis saber se poderia passar a noite, e eu disse que sim. Depois de um tempo ela disse que todas as pessoas da casa pareciam loucas e que tinha medo delas. Depois ela não queria ir se deitar e ficou sentada a noite toda."

"Ela tinha dinheiro?"

"Sim", eu disse, respondendo por ela, "eu paguei por tudo, e a comida foi a pior que já comi na vida."

Ao ouvir isso todos sorriram, e sussurraram "nesse assunto da comida ela não é tão louca assim".

"Coitadinha", disse o juiz Duffy, "ela está bem-vestida e tem modos de dama. Fala um inglês perfeito, e eu poderia apostar que é uma boa moça. Não tenho dúvida de que é a queridinha de alguém."

Todos riram dessa declaração, e eu cobri o rosto com o lenço, na tentativa de sufocar o riso que ameaçava arruinar os planos, apesar da minha determinação.

"Quero dizer que é a queridinha de alguma mulher, uma mãe", o juiz se corrigiu logo em seguida. "Estou certo de que alguém está procurando a moça. Pobrezinha, serei generoso com ela, pois lembra minha irmã que morreu."

Depois dessa declaração houve um momento de quietude, e os policiais me lançaram olhares mais gentis enquanto eu abençoava em silêncio o generosíssimo juiz e torcia para que as pobres criaturas tão perturbadas quanto eu fingia ser tivessem a alegria de lidar com um homem gentil como o juiz Duffy.

"Bom seria se os jornalistas estivessem aqui", ele disse, enfim. "Eles conseguiriam descobrir mais informações sobre ela."

Fiquei bastante assustada ao ouvir isso, pois se há alguém capaz de escarafunchar um mistério, esse alguém são os jornalistas. Pensei que eu preferiria encarar uma multidão de médicos especialistas, policiais e detetives a enfrentar dois colegas, então eu disse:

"Não entendo por que tudo isso é necessário para me ajudar a encontrar meus baús. Esses homens são uns despudorados, e não quero que fiquem me olhando. Eu vou embora. Não quero ficar aqui."

Dizendo isso, baixei meu véu e desejei em segredo que os jornalistas tivessem outros compromissos até que eu fosse mandada para o hospício.

"Não sei o que fazer com essa pobre menina", disse o preocupado juiz. "Ela precisa de cuidados."

"Mande-a para Blackwell's Island", sugeriu um dos policiais.

"Ah, não!", disse a sra. Stanard, visivelmente alarmada. "Isso não. Ela é uma dama e ia morrer se fosse mandada para lá."

Nesse momento tive vontade de dar um safanão na boa mulher. E pensar que Blackwell's Island era justamente o lugar ao qual eu queria chegar, mas lá estava ela tentando me impedir. Era muita gentileza da parte dela, mas naquela situação a atitude me aborreceu.

"Fizeram alguma sordidez", disse o juiz. "Acredito que essa menina foi drogada e trazida para a cidade. Preparem os documentos e vamos enviá-la para que seja examinada no Bellevue. É provável que dentro de alguns dias o efeito da droga passe e ela consiga nos contar uma história surpreendente. Ah, onde estão os repórteres nessa hora!"

Eu temia a chegada dos jornalistas, então disse algo sobre não querer mais continuar ali sendo observada. O juiz Duffy disse ao policial Bockert que então me levasse para a sala dos fundos. Depois que nos acomodamos ali, o juiz Duffy entrou e me perguntou se eu viera de Cuba.

"Isso mesmo", respondi com um sorriso. "Como o senhor sabia?"

"Ah, eu sabia, minha querida. Mas me diga de onde veio. De que parte de Cuba?"

"Da *hacienda*", respondi.

"Ah", disse o juiz, "de uma fazenda. A senhorita se lembra de Havana?"

"*Sí, señor*", eu respondi. "Fica perto de casa. Como o senhor sabe?"

"Ah, eu entendi tudo. Agora, será que você poderia me falar o nome da sua cidade natal?", ele perguntou em tom persuasivo.

"Eu esqueci", respondi com ar triste. "Eu tenho uma dor de cabeça que não passa, e ela me faz esquecer das coisas. Não quero que eles me perturbem. Está todo mundo me perguntando coisas, e isso faz a minha cabeça piorar." E fazia mesmo.

"Bem, ninguém mais vai incomodar a senhorita. Fique aqui e descanse um pouco." E com isso o cordial juiz me deixou a sós com a sra. Stanard.

ENTREVISTADA POR UM JORNALISTA

Justo nesse momento um policial chegou com um jornalista. Fiquei muito amedrontada e pensei que pudesse ser reconhecida como colega de profissão, então virei o rosto e disse: "Não quero ver jornalista nenhum; não vou falar com ninguém; o juiz disse que não iam mais me perturbar".

"Bem, não há loucura nenhuma nisso", disse o homem que trouxera o jornalista, e juntos eles saíram da sala. Mais uma vez fui invadida pelo medo. Será que ao me recusar a falar com um jornalista eu fora longe demais, revelando minha sanidade? Se parecera lúcida eu estava determinada a desfazer essa impressão, então me levantei num salto e comecei a correr pela sala de um lado para o outro, a sra. Stanard segurando meu braço apavorada.

"Não vou ficar aqui; eu quero os meus baús! Por que eles querem me perturbar com tanta gente aqui?", e assim continuei até o médico da ambulância chegar, acompanhado do juiz.

A CHEGADA DA AMBULÂNCIA

"Essa é uma pobre menina que foi drogada por alguém", explicou o juiz. "Lembra a minha irmã, e qualquer um nota que é uma menina boa. Estou preocupado com essa moça e gostaria de ajudá-la como ajudaria uma filha. Peço que o senhor seja gentil", disse ele ao médico. Então, virando-se para a sra. Stanard, perguntou se ela não poderia me hospedar por alguns dias até que terminassem de investigar meu caso. Felizmente ela disse que não podia, pois todas as mulheres do abrigo estavam com medo e iriam embora se eu continuasse lá. Tive receio de que ela aceitasse me receber se lhe garantissem o pagamento, e por isso eu disse algo sobre a má qualidade da comida e afirmei que não pretendia voltar ao abrigo. Então, chegou a hora do exame. O médico parecia inteligente e pensei que seria impossível enganá-lo, mas decidi continuar com a farsa. "Mostre a língua", ele ordenou de repente. Pensar nisso me fez rir por dentro. "Mostre a língua quando eu mandar", ele disse. "Eu não quero", respondi com razoável honestidade. "Mas precisa obedecer. Você está doente, e eu sou médico." "Não estou doente e nunca estive. Só quero os meus baús." Mas mostrei a língua, e ele a olhou de forma sagaz. Em seguida mediu minha pulsação e auscultou meu coração. Eu não tinha a mais vaga ideia de como o coração de uma pessoa louca batia, então prendi a respiração enquanto ele ouvia e, quando ele parou, arquejei para recuperar o fôlego. Depois ele observou o efeito da luz nas pupilas dos meus olhos. Erguendo a mão a pouco mais de um centímetro do meu rosto, ele me pediu para olhar para ela e depois, sacudindo-a de repente para longe, examinou meus olhos. Fiquei muito curiosa para saber como a insanidade se manifestava no olho, e achei que a melhor coisa a fazer naquela circunstância era olhar fixamente. E foi o que fiz. Mantive os olhos imóveis e cravados na mão do médico e, quando ele a afastou, empreguei todas as minhas forças para continuar sem piscar. "Que remédios você tomou recentemente?", ele me perguntou. "Remédios?", eu repeti, alheada. "Não sei o que é isso." "As pupilas delas estão dilatadas desde que ela chegou ao abrigo. Nunca mudaram", explicou a sra. Stanard. Eu me perguntei como ela poderia saber se tinham mudado ou não, mas continuei em silêncio. "Acredito que ela tenha usado beladona", disse o médico, e pela primeira vez me senti agradecida por ser um pouco míope, o que explicava o aumento das pupilas. Achei que deveria ser honesta quando possível, desde que não prejudicasse o andamento do meu caso, então disse ao médico que eu era míope, que não estava nem um pouco doente, que nunca estivera doente, e que ninguém tinha o direito de me impedir de sair em busca dos meus baús. Eu queria ir para casa. Ele escreveu muitas coisas num caderno grande e fino, e em seguida disse que me levaria para casa. O juiz lhe disse que me levasse e me tratasse com gentileza, e que dissesse às pessoas do hospital que fossem gentis e fizessem por mim tudo o que estivesse ao seu alcance. Se existissem mais homens como o juiz Duffy, os pobres infelizes teriam alguma luz nessa vida.

DENTRO DA AMBULÂNCIA

A essa altura comecei a ficar mais confiante em minhas habilidades, afinal um juiz, um médico e um bom número de pessoas tinham me declarado louca, e recoloquei meu véu com certa satisfação quando me disseram que eu seria levada de charrete e que depois poderia ir para casa. "Estou tão contente em ir com vocês", eu disse, e falava sério. Eu estava mesmo feliz. Uma vez mais, escoltada pelo policial Bockert, atravessei a pequena e lotada sala de audiências. Senti-me bastante orgulhosa de mim mesma quando saí por uma porta lateral que levava a um beco no qual a ambulância nos esperava. Perto dos portões trancados havia uma salinha ocupada por vários homens e livros imensos. Todos entramos nessa salinha, e quando começaram a me fazer perguntas o médico os interrompeu, dizendo que já tinha todos os documentos e que era inútil me fazer qualquer outra pergunta, porque eu era incapaz de respondê-las. Foi um grande alívio, porque meus nervos começavam a ceder à pressão. Um homem de aparência rude quis me colocar na ambulância, mas eu recusei sua ajuda com tanta veemência que o médico e o policial o aconselharam a desistir, e eles próprios assumiram o nobre dever. Não entrei na ambulância sem protestar. Comentei que nunca vira uma charrete daquele tipo e que não queria andar nela, mas depois de um tempo deixei que me convencessem, como planejara desde o início. Jamais me esquecerei daquele trajeto. Depois que me colocaram deitada sobre a manta amarela, o médico entrou e sentou-se próximo à porta. Os grandes portões foram abertos e um grupo de curiosos que se juntara ali se afastou para dar passagem para a ambulância. Que esforço fizeram para tentar espiar a tal moça louca! O médico notou que não gostei de ver as pessoas me medindo, e, depois de me perguntar o que eu preferia, fechou as cortinas num gesto de consideração. Mas nem isso afugentou as pessoas. As crianças correram atrás de nós, gritando toda sorte de gírias e tentando bisbilhotar por debaixo das cortinas. Foi uma viagem interessante, mas extremamente bruta. Segurei firme, embora não houvesse muito a que me segurar, enquanto o condutor avançava como se houvesse alguém nos perseguindo.

iv. No Bellevue Hospital

Enfim chegara ao Bellevue, a terceira parada em minha jornada até Blackwell's Island. Eu enfrentara com êxito as provações que me aguardavam no abrigo de mulheres e na delegacia de Essex Market, e agora estava certa de que não fracassaria. A ambulância parou com um solavanco repentino e o médico saltou. "Quantos são?", ouvi alguém perguntar. "Só uma, para o pavilhão", foi a resposta. Um homem de aparência bruta se aproximou e me segurou, tentando me arrastar para fora da ambulância como se eu tivesse uma força de elefante e fosse resistir. O médico, vendo minha repugnância, ordenou que ele me deixasse em paz, que ele mesmo ficaria responsável por mim. Em seguida me retirou do veículo com cuidado, e eu, com a elegância de uma rainha, passei pelo grupo de curiosos que se juntara para ver a nova desventurada. Junto ao médico, entrei numa sala pequena e escura onde havia alguns homens. O que estava atrás da mesa abriu um livro e pôs-se a fazer a longa lista de perguntas que já me haviam feito tantas vezes. Me recusei a responder, e o médico lhe disse que não era necessário continuar me importunando, pois ele já organizara toda a documentação e eu era louca demais para oferecer qualquer informação útil. Fiquei aliviada ao ver que seria tudo tão fácil ali, também porque, embora continuasse confiante, estava tonta de fome. Então foi dada a ordem para que me levassem ao pavilhão dos loucos, e um homem musculoso se aproximou e apertou meu braço com tanta força que uma pontada de dor me atravessou. Fiquei furiosa, e por um momento me esqueci do meu papel, dizendo a ele: "Como ousa encostar em mim?". Ele afrouxou um pouco a mão, e eu me desvencilhei dele com mais força do que imaginava ter. "Eu só vou se for com esse homem", eu disse, apontando para o médico da ambulância. "O juiz disse que ele seria responsável por mim, e não irei com mais ninguém." Diante disso o médico falou que me acompanharia, e assim o fizemos, de braços dados, seguindo o homem que a princípio fora tão bruto comigo. Atravessamos as instalações bem cuidadas e enfim chegamos à ala dos doentes mentais. Uma enfermeira de quepe branco estava lá para me receber. "Essa jovem vai ficar aqui esperando o barco", disse o médico, e com isso começou a se afastar. Implorei que ele não fosse embora ou me levasse consigo, mas ele disse que queria almoçar antes, e que eu poderia esperar por ele ali. Quando insisti em acompanhá-lo, ele alegou que precisava ajudar em uma amputação, e que minha presença não seria bem-vista. Era evidente que ele acreditava estar lidando com uma pessoa louca. Nesse mesmo instante, os mais horrendos gritos de loucura vieram de um pátio nos fundos. Mesmo com toda a minha coragem, senti um arrepio ao me imaginar trancafiada com uma companheira que de fato fosse louca. Sem dúvida o médico percebeu meu nervosismo, pois disse à funcionária: "Quanto barulho os carpinteiros fazem". Voltando-se para mim, ofereceu uma explicação que envolvia a construção de novos prédios e o barulho dos trabalhadores que se dedicavam a ela. Eu lhe disse que não queria ficar ali sem ele, e para me acalmar ele prometeu voltar logo. Ele me deixou, e eu enfim me vi como uma interna do hospício.

ALGUNS AJUSTES INTERNOS

Fiquei em pé junto à porta e contemplei a cena à minha frente. O corredor comprido e sem tapete ostentava aquela brancura incomum que só se vê em instituições públicas. No final do corredor havia grandes portas de ferro fechadas com cadeados. Alguns bancos que pareciam duros e várias cadeiras de vime eram a única mobília do lugar. Em ambos os lados do corredor havia portas que levavam ao que eu supus serem os quartos, e depois descobri que de fato eram. Perto da porta de entrada, do lado direito, ficava uma pequena sala de descanso para as enfermeiras, e do lado oposto havia uma sala onde se servia o almoço. Uma enfermeira que usava um vestido preto e quepe e avental brancos andava armada com um grande molho de chaves; era encarregada do corredor. Logo descobri seu nome, srta. Ball. Uma velha irlandesa que era pau para toda obra. Ouvi falar que se chamava Mary, e alegra-me saber que uma mulher de coração tão bom trabalha naquele lugar. Dela só recebi gentileza e a mais pura consideração. Só havia três pacientes, como são chamadas. Tornei-me a quarta. Achei melhor começar logo meu trabalho, pois eu ainda esperava que o primeiríssimo médico me declarasse sã e me mandasse de volta para nosso mundo, vasto mundo. Então fui até o fundo do cômodo e me apresentei a uma das mulheres, perguntando-lhe tudo sobre ela. Ela disse que se chamava srta. Anne Neville e que estivera doente de tanto trabalhar. Trabalhava como camareira e, quando sua saúde se debilitou, foi mandada para um convento para se tratar. Seu sobrinho, que era garçom, estava desempregado e, incapaz de pagar sua hospedagem, a havia transferido para o Bellevue.

"Você tem algum problema mental, além disso?", eu lhe perguntei.

"Não", ela disse. "Os médicos me fazem perguntas estranhas e tentam me confundir sempre que podem, mas não há nada de errado com meu cérebro."

"Você sabia que só trazem gente louca para este pavilhão?", perguntei.

"Eu sei, mas não posso fazer nada. Os médicos não me escutam, e é inútil falar com as enfermeiras."

ENTRE AS PACIENTES LOUCAS

Satisfeita, por vários motivos, com o fato de a srta. Neville ser tão sã quanto eu, voltei minha atenção a uma das outras pacientes. Achei que precisava de ajuda médica e que não era das mais inteligentes, mas eu já tinha visto muitas mulheres de classes baixas que eram tão bobas quanto ela e nunca tiveram sua sanidade questionada.

A terceira paciente, sra. Fox, não disse muito. Era muito quieta e, depois de me dizer que seu caso não tinha solução, não quis mais falar. Comecei a ter mais segurança da minha posição e decidi que nenhum médico me convenceria de que eu era sã antes que eu concluísse minha missão. Uma enfermeira baixinha de pele clara chegou e, depois de vestir seu quepe, falou para a srta. Ball ir almoçar. Essa nova enfermeira, que se chamava srta. Scott, veio até mim e disse em tom grosseiro:

"Tire o chapéu".

"Não vou tirar o chapéu", respondi. "Estou esperando o barco e não vou tirá-lo."

"Bem, você não vai embarcar em barco nenhum. É melhor lhe contarem logo. Você está num hospício para loucos."

Embora eu tivesse plena consciência disso, suas palavras sem floreios me causaram espanto. "Eu não queria vir para cá, não estou doente nem louca, e não vou ficar", eu disse.

"Vai demorar muito para você sair se não obedecer às ordens", respondeu a srta. Scott. "É melhor você tirar esse chapéu, ou eu o farei à força, e se não conseguir só preciso tocar uma campainha para alguém vir me ajudar. Vai tirar ou não vai?"

"Não, não vou. Estou com frio e quero ficar de chapéu, e você não pode me obrigar a tirar."

"Eu lhe darei mais alguns minutos, e se você não tirar eu o farei à força, e já aviso que não serei delicada."

"Se você tirar meu chapéu, eu tiro o seu. E agora?"

Nesse momento a srta. Scott foi chamada à porta, e, temendo que uma demonstração de revolta pudesse revelar sanidade em demasia, tirei meu chapéu e minhas luvas e fiquei sentada, olhando para o nada, até ela voltar. Eu estava com fome, e muito me agradou ver Mary dedicar-se aos preparativos para o almoço. Era tudo simples. Ela limitou-se a puxar um banco para o lado de uma mesa sem toalha e mandou as pacientes se reunirem. Em seguida trouxe um pratinho de estanho que continha um pedaço de carne cozida e uma batata. Nem se tivesse sido preparada uma semana antes a comida teria estado mais fria, e era certo que não chegara a ser apresentada ao sal e à pimenta. Não fui até a mesa, então Mary foi aonde eu estava sentada num canto e, estendendo o prato de estanho, perguntou:

"Tens alguma moedinha aí pra me dar, queridinha?".

"Quê?", eu disse, surpresa.

"Tens alguma moedinha, queridinha, pra me dar? Vão tirar tudo de ti de qualquer jeito, queridinha, então é melhor dares pra mim."

Nessa hora entendi tudo, mas não tinha intenção de recompensar Mary logo no começo de minha jornada, temendo que isso pudesse influenciar a forma como me tratava, então eu disse que tinha perdido minha bolsa, o que era bem verdade. Mas, ainda que eu não tenha dado dinheiro para Mary, ela me tratou com gentileza. Quando reclamei do prato de estanho no qual ela trouxera minha comida, buscou um de porcelana, e, quando não consegui comer o que ela oferecera, me deu um copo de leite e um biscoito de água e sal.

APENAS UMA ALA DE CARIDADE

Todas as janelas do corredor estavam abertas, e o ar frio começou a denunciar o meu sangue sulista. E de fato ficou tão frio que beirava o insuportável, e me queixei disso para a srta. Scott e a srta. Ball. Elas, no entanto, responderam secamente que, por estar numa instituição de caridade, eu não podia esperar muito mais que aquilo. Todas as outras mulheres estavam sofrendo com o frio, e as próprias enfermeiras tinham de usar agasalhos grossos para se aquecer. Perguntei se podia ir me deitar. Elas disseram que não. Enfim a srta. Scott pegou um velho xale cinza e, sacudindo-o para desprender as traças, me disse para vesti-lo. "É um xale um tanto feio", eu disse. "Bem, certas pessoas se dariam melhor se não fossem tão arrogantes", disse a srta. Scott. "Quem depende da caridade não pode esperar nada e não deve reclamar." Então vesti o xale carcomido pelas traças, com o cheiro de mofo a me envolver, e sentei-me numa cadeira de vime, perguntando-me o que aconteceria em seguida, se eu morreria congelada ou sobreviveria. Meu nariz estava muito gelado, então cobri a cabeça, e estava quase cochilando quando o xale foi arrancado do meu rosto de súbito e um homem estranho e a srta. Scott postaram-se diante de mim. O homem era médico, e a primeira coisa que me disse foi: "Já vi esse rosto antes". "Então você me conhece?", perguntei com um interesse propositalmente exagerado. "Acho que sim. De onde você veio?" "De casa." "Onde fica esse lugar?" "Você não sabe? Em Cuba." Ele se sentou ao meu lado, tirou meu pulso, examinou minha língua, e por fim disse: "Conte tudo sobre sua vida para a srta.

Scott". "Não, não vou contar. Eu não falo com mulheres." "O que você faz em Nova York?" "Nada." "Consegue trabalhar?" "Não, *señor*." "Me diga, você é uma mulher da vida?" "Não entendi", eu respondi, francamente enojada com ele.

"Refiro-me a deixar que os homens a sustentem, cuidem da senhorita."

Tive vontade de dar-lhe um tapa na cara, mas precisava manter a compostura, então me limitei a dizer: "Não sei do que o senhor está falando. Eu sempre morei na minha casa".

DEMENTE, SEM DÚVIDA ALGUMA

Depois de muitas outras perguntas tão inúteis e descabidas quanto essa, ele me deixou e foi falar com a enfermeira. "Demente, sem dúvida alguma", ele disse. "Na minha opinião, é um caso perdido. Ela precisa ficar onde possam cuidar dela."

E assim convenci o segundo médico especialista.

Depois disso meu respeito pela capacidade dos médicos diminuiu ainda mais. Tive certeza de que nenhum médico saberia dizer se uma pessoa era louca ou não, a não ser nos casos mais violentos.

Ainda naquela tarde, chegaram um menino e uma mulher. A mulher sentou-se num banco enquanto o menino entrou e falou com a srta. Scott. Em pouco tempo ele saiu e, oferecendo apenas um aceno de despedida à mulher, que era sua mãe, foi embora. Ela não parecia louca, mas, como era alemã, não consegui descobrir sua história. Seu nome era sra. Louise Schanz. Parecia bastante confusa, mas, quando as enfermeiras a colocavam para costurar, fazia o serviço com muito capricho e agilidade. Às três da tarde deram mingau para as pacientes, e às cinco, uma xícara de chá e uma fatia de pão. Fui favorecida, pois quando viram que eu não conseguia comer o pão ou beber aquela coisa que tinham a bondade de chamar de chá, me deram um copo de leite e um biscoito de água e sal, como ao meio-dia. No momento em que estavam acendendo o aquecedor a gás, mais uma paciente juntou-se a nós. Era muito moça, tinha 25 anos; me disse que estava acamada até pouco antes de chegar. Sua aparência confirmava a história. Parecia alguém que enfrentara uma febre muito severa. "Agora estou sofrendo de debilidade nervosa", ela disse, "e meus amigos me mandaram para cá para me tratar." Eu não lhe contei onde ela estava, e ela parecia bastante satisfeita. Às seis e quinze a srta. Ball disse que queria ir embora, e por isso todas teríamos de ir para a cama. Então ela atribuiu um quarto a cada uma — a essa altura éramos seis — e nos mandou tirar a roupa. Eu obedeci, e recebi uma camisola curta de flanela para usar durante a noite. Ela juntou cada uma das peças de roupa que eu usara durante o dia numa trouxa, etiquetou-a como "Brown" e levou-a embora. A janela com grades de ferro estava trancada, e a srta. Ball, depois de me dar um cobertor adicional, que segundo ela era uma cortesia raríssima, saiu e me deixou a sós. A cama não era confortável. Era tão dura, na verdade, que era impossível deformar o colchão, e o travesseiro tinha enchimento de palha. Sob o lençol havia uma colcha impermeável. À medida que a noite ficava mais fria, tentei aquecer a tal colcha. Fiz várias tentativas, mas o sol nasceu e a colcha continuava tão fria quanto antes, e também me reduzira à temperatura de um iceberg, de forma que desisti daquela tarefa impossível.

MAIS UM JORNALISTA APARECE

Eu esperava descansar um pouco na primeira noite no hospital de alienados, mas fui condenada à decepção. Quando as enfermeiras do turno da noite chegaram, estavam curiosas para me ver e descobrir como eu era. Logo depois de partirem, ouvi alguém à porta perguntando por Nellie Brown e estremeci, temendo que minha sanidade fosse descoberta. Escutando a conversa, descobri se tratar de um jornalista à minha procura, que ainda solicitou minhas roupas porque pretendia examiná-las. Ouvi o diálogo sobre mim com muita ansiedade, e fiquei aliviada em saber que me consideravam uma louca incurável. Isso foi animador. Depois que o jornalista se foi, notei outras pessoas chegando e descobri que um médico estava lá para me visitar. Eu não sabia com que propósito e comecei a imaginar toda sorte de coisas horríveis, como exames e tudo mais, e quando chegaram ao meu quarto eu tremia, e não só de medo. "Nellie Brown, o médico chegou. Ele gostaria de falar com você", disse a enfermeira. Se era só isso que ele queria, pensei que eu seria capaz de aguentar. Tirei o cobertor com o qual cobrira a cabeça no susto e olhei para cima. O que vi me acalmou.

UM MÉDICO BONITO

O médico era um jovem muito bonito. Tinha a postura e a dicção de um cavalheiro, um ar um pouco enganador. Ele se aproximou, sentou-se na beirada da minha cama e me envolveu com um dos braços, tentando me tranquilizar. Era uma tarefa terrível fingir loucura diante daquele homem — só as moças compreenderão a situação em que eu me encontrava.

"Como está se sentindo esta noite, Nellie?", perguntou ele, descontraído.

"Ah, estou bem..."

"Mas você sabe que está doente, não sabe?", ele disse.

"Estou, é?", respondi, e virei o rosto para o travesseiro e abri um sorriso.

"Quando você saiu de Cuba, Nellie?"
"Ah, você sabe de onde eu vim?", perguntei.
"Claro que sei. Você não se lembra de mim? Eu me lembro de você."
"Lembra?", e em pensamento disse a mim mesma que não deveria me esquecer dele. Ele estava acompanhado de um amigo que não se atreveu a fazer um comentário sequer, limitando-se a me observar deitada na cama. Depois de fazer uma porção de perguntas, que respondi com sinceridade, ele saiu. Outros problemas surgiram. As enfermeiras passaram a noite lendo em voz alta umas para as outras, e sei que as outras pacientes, além de mim mesma, não conseguiram dormir. A cada meia hora, ou a cada hora, elas atravessavam os corredores a passos pesados, com os saltos das botas ressoando como a cavalaria militar, para verificar cada paciente. Isso também ajudou a nos manter acordadas, é claro. Depois, à medida que a manhã se aproximava, começaram a bater ovos para o café da manhã, e o barulho me fez perceber a fome terrível que estava sentindo. De quando em quando gritos e gemidos vinham da ala masculina, e isso também não ajudou a alegrar a madrugada. Por fim o barulho da ambulância, que chegava trazendo mais miseráveis, parecia anunciar o fim de toda vida e liberdade. E assim passei minha primeira noite como uma moça louca no Bellevue.

v. Quase lá

No sábado, 25 de setembro, às seis da manhã em ponto, as enfermeiras arrancaram as cobertas da minha cama. "Vamos, é hora da senhorita se levantar", disseram, e abriram a janela para deixar o vento gelado entrar. Então minhas roupas me foram devolvidas. Depois que me vesti, levaram-me a um lavatório no qual todas as outras pacientes tentavam tirar do rosto os restos do sono. Às sete nos deram um grude que Mary chamou de caldo de galinha. O frio, que nos castigara no dia anterior, estava cruel, e quando reclamei com a enfermeira ela me disse que uma das regras da instituição era não ligar o aquecimento antes de outubro, então teríamos que aguentar, porque além de tudo os canos de vapor precisavam de conserto. As enfermeiras da noite, armando-se de tesouras, começaram a brincar de manicure com as pacientes. Cortaram minhas unhas no sabugo, assim como fizeram com várias pacientes. Não muito depois um jovem médico muito bonito chegou, e eu fui conduzida até a sala de convivência. "Quem é você?", ele perguntou. "Nellie Moreno", respondi. "Então por que você informou que seu sobrenome era Brown?", ele quis saber. "O que há de errado com você?" "Nada. Eu não queria vir para cá, mas me trouxeram. Quero ir embora. Será que você pode me deixar sair?"

QUEM É ESSE HOMEM?

"Se eu a deixar sair você fica perto de mim? Não vai fugir quando estiver na rua?"

"Isso eu não posso prometer", respondi, com um sorriso e um suspiro, pois ele era de fato bonito.

Ele me perguntou muitas outras coisas. Alguma vez eu vira rostos na parede? Ouvira vozes ao meu redor? Esforcei-me para oferecer boas respostas.

"A senhorita ouve vozes à noite?", ele perguntou.

"Ouço, falam tanto que eu não consigo dormir."

"Foi o que pensei", ele disse a si mesmo. Virando-se para mim, perguntou: "O que essas vozes dizem?".

"Bem, eu nem sempre ouço o que dizem. Mas às vezes, muitas vezes, falam sobre Nellie Brown e depois sobre os outros assuntos que não me interessam nem um pouco", respondi com franqueza. "Isso basta", disse ele à srta. Scott, que estava do lado de fora da sala. "Posso ir embora?", perguntei. "Pode", ele disse, com uma risada satisfeita, "logo vamos mandá-la embora." "Aqui é muito frio, eu quero ir lá para fora", eu disse. "Isso é verdade", ele disse para a srta. Scott. "O frio aqui beira o insuportável, e vocês terão casos de pneumonia se não tomarem cuidado."

EXAMES PARA COMPROVAR LOUCURA

Com isso fui levada e outra paciente trazida. Fiquei sentada do lado de fora, junto à porta, e esperei para ouvir como ele testaria a sanidade das outras. Com pouquíssimas variações, o exame era idêntico ao meu. Todas as pacientes respondiam se viam rostos nas paredes, se ouviam vozes e o que as vozes diziam. Devo acrescentar que cada uma das pacientes negou todas essas incomuns aberrações da visão e da audição. Às dez nos serviram uma xícara de caldo de carne sem sal; ao meio-dia, um pedacinho de carne fria e uma batata; às três, uma xícara de mingau de aveia e às cinco e meia, uma xícara de chá e uma fatia de pão sem manteiga. Estávamos todas com frio e com fome. Depois que o médico se foi, deram-nos xales e nos disseram para andar pelos corredores de ponta a ponta para nos aquecermos. Durante o dia uma porção de pessoas visitaram o pavilhão para ver a moça louca de Cuba. Mantive a cabeça coberta, sob o pretexto de estar com frio, por medo de que algum dos jornalistas me reconhecesse. Alguns visitantes afirmavam estar procurando uma moça desaparecida, e por isso me obrigaram a tirar o xale diversas vezes, e depois de me verem diziam "Não conheço essa moça" ou "Não é ela", o que em segredo me deixou grata. O diretor O'Rourke visitou-me e arriscou-se a fazer seu próprio exame. Depois, em diferentes ocasiões, ele trouxe algumas mulheres bem-vestidas e alguns cavalheiros que queriam dar uma olhadinha na misteriosa Nellie Brown.

ELOGIO AOS JORNALISTAS

Os jornalistas eram os que mais davam trabalho. Vários deles! E eram todos tão espertos e inteligentes que tive muito medo de que notassem que eu era sã. Foram gentis e bondosos comigo, e delicados em todas as perguntas que faziam. Meu último visitante da noite anterior veio à janela enquanto alguns dos jornalistas me entrevistavam na sala de convivência e pediu à enfermeira que permitisse as visitas porque eles poderiam me ajudar a encontrar pistas sobre a minha identidade.

À tarde o dr. Field veio me examinar. Fez apenas algumas perguntas, e perguntas que não tinham relação nenhuma com meu caso. Ele perguntou principalmente sobre a minha casa e meus amigos, e se eu tivera namorados ou fora casada. As outras pacientes responderam às mesmas perguntas. Quando o médico estava prestes a deixar o pavilhão, a srta. Tillie Mayard descobriu que estava em uma ala de doentes mentais. Ela foi até o dr. Field e lhe perguntou por que tinha sido mandada para lá. "Você acabou de descobrir que está num hospício?", perguntou o médico. "Sim, meus amigos disseram que iam me mandar para uma ala de convalescença para que eu recebesse tratamento para a debilidade nervosa de que sofro desde que adoeci. Quero sair deste lugar agora mesmo." "Bem, você não vai sair assim tão rápido", ele disse, com uma risada rápida. "Se o doutor sabe de alguma coisa", ela respondeu, "deve saber muito bem que sou completamente sã. Por que não me examina?" "Já sabemos de tudo o que precisamos saber", disse o médico, e afastou-se da pobre moça condenada ao hospício, provavelmente para o resto da vida, sem lhe oferecer a mínima chance de provar sua sanidade.

    A noite de domingo não passou de uma repetição do sábado. Passamos a noite inteira sem dormir por conta da conversa das enfermeiras e de seus passos pesados pelos corredores sem tapete. Na manhã de segunda-feira nos disseram que a previsão era de que nos levassem à uma e meia da tarde. As enfermeiras perguntavam sem parar sobre minha cidade natal, e todas pareciam ter a impressão de que eu tinha um amante que me jogou no mundo e estragou minha cabeça. A manhã trouxe vários jornalistas. Como são incansáveis em suas tentativas de descobrir algo novo! A srta. Scott não permitiu que me vissem e fiquei agradecida. Se tivessem livre acesso a mim, era provável que eu logo deixasse de ser um mistério, pois vários deles me conheciam de vista. O diretor O'Rourke fez uma última visita e me chamou para uma breve conversa. Ele escreveu seu nome em meu caderno, dizendo à enfermeira que dali a uma hora eu teria esquecido tudo. Eu sorri e pensei que não estaria tão certa disso. Outras pessoas pediram para me ver, mas nenhuma me conhecia nem tinha informações sobre mim.

SAINDO DE BELLEVUE

O meio-dia chegou. Quanto mais perto da hora de ir para Blackwell's Island, mais nervosa eu ficava. Me apavorava cada pessoa que chegava, temendo que meu segredo fosse desvendado no último instante. Depois me entregaram um xale, meu sapato e minhas luvas. Quase não consegui vesti-los, de tão frouxos que meus nervos estavam. Enfim um funcionário chegou, e eu dei adeus a Mary e coloquei "umas moedinhas" na palma de sua mão. "Deus te abençoe", ela disse, "vou rezar por ti. Anime-se, queridinha. Ainda és moça e vais conseguir superar tudo isso." Eu disse que esperava que sim, e em seguida me despedi da srta. Scott em espanhol. O funcionário de aparência rude torceu os braços ao redor dos meus e meio que me levou, meio que me arrastou até a ambulância. Uma aglomeração de estudantes se formara, e nos observavam com curiosidade. Cobri o rosto com o xale e me encolhi no vagão. A srta. Neville, a srta. Maynard, a sra. Fox e a sra. Schanz foram levadas para a ambulância depois de mim, uma por vez. Um homem entrou conosco; as portas foram trancadas e nós fomos levadas em grande estilo, passando pelos portões, rumo ao hospício e à vitória! As pacientes sequer tentaram fugir. O hálito do funcionário faria qualquer um ficar tonto.

Quando chegamos ao cais, a multidão aglomerada ao redor da ambulância era tamanha que a polícia foi chamada para dispersar as pessoas e permitir que alcançássemos o barco. Fui a última da procissão. Me conduziram pela plataforma com a brisa fresca soprando o bafo de bebida do funcionário no meu rosto, até que cambaleei de vertigem. Levaram-me a uma cabine suja, onde encontrei minhas companheiras sentadas num banco estreito. As pequenas janelas estavam fechadas, e, com o cheiro do lugar imundo, o ar era sufocante. Em um canto da cabine havia um pequeno beliche em condições tão precárias que tive de tapar o nariz quando me aproximei. Uma menina doente foi colocada ali. Uma senhora idosa com um chapéu imenso, que levava uma cesta suja cheia de pedaços de pão e aparas de carne, completava nosso grupo. Duas funcionárias guardavam a porta. Uma usava um vestido de cambraia e a outra se vestia com algum resquício de elegância. Eram mulheres grosseiras, grandalhonas, que cuspiam baba de tabaco pelo chão de maneira tão habilidosa quanto repelente. Uma dessas criaturas medonhas parecia ter muita fé no poder que o olhar exerce sobre as pessoas loucas, pois quando alguma de nós se mexia ou ia olhar pela janela ela dizia "senta", baixava as sobrancelhas e ficava olhando de um jeito simplesmente aterrorizante. Enquanto guardavam a porta, elas conversavam com alguns homens do lado de fora. Comentavam o número de pacientes e depois conversavam sobre seus assuntos pessoais num tom nem edificante nem refinado.

O barco parou, e a velha senhora e a menina doente foram levadas. Nos disseram para ficar quietas e esperar. Na parada seguinte minhas companheiras foram levadas, uma de cada vez. Fui a última, e um homem e uma mulher precisaram me guiar pela plataforma até chegarmos à terra firme. Lá outra ambulância esperava, e dentro dela estavam as quatro pacientes.

"O que é este lugar?", perguntei ao homem que tinha cravado os dedos na carne do meu braço.

"Blackwell's Island, um lugar de gente louca do qual ninguém consegue sair."

Com isso me enfiaram dentro da ambulância, a plataforma foi erguida, um policial e um carteiro subiram na parte de trás e assim fui levada rapidamente ao Hospital de Alienados de Blackwell's Island. Dos meus dez dias de experiência lá há muito que contar.

New York World
9 de outubro de 1887

DENTRO DO HOSPÍCIO

A experiência de Nellie Bly no hospital de Blackwell's Island

✳

A CONTINUAÇÃO DO RELATO SOBRE OS DEZ DIAS
COM LUNÁTICOS

✳

Como as alas dos desafortunados da cidade são mantidas

✳

OS TERRORES DOS BANHOS FRIOS E DAS
ENFERMEIRAS CRUÉIS E INSENSÍVEIS

✳

FUNCIONÁRIAS QUE ABUSAM DAS PACIENTES
E ZOMBAM DE SUAS DESGRAÇAS

✳

Médicos que flertam com enfermeiras bonitas — Um exame médico excêntrico em que nada foi examinado — Pacientes do corredor nº 6 — Tocando piano — Roupas roubadas — Uma longa e fria espera pelo jantar — Nem facas nem garfos — Comida sem sal e imprópria para consumo — Quase afogada num banho gelado — Sabonete só uma vez por semana — Obrigada a dormir com roupas encharcadas — Ruídos na madrugada — O horror de um incêndio num quarto trancado e com grades — Cabelos penteados com um pente compartilhado — Enfermeiras que perturbam e provocam suas pacientes — Segurá-las debaixo da água até estarem prestes a se afogar — Aqueles que castigam miseráveis que precisam de proteção — Funcionárias xingam Nellie — Enfim livre.

À medida que conduziam a ambulância por entre os belos gramados que levavam ao hospital, meu sentimento de satisfação por ter alcançado meu objetivo profissional foi bastante prejudicado pela expressão de angústia de minhas companheiras. Aquelas pobres mulheres não tinham esperança de sair de lá tão cedo. O veículo acelerou, e eu, assim como minhas colegas, lancei um último olhar aflito à liberdade quando os longos edifícios de pedra se revelaram. Passamos por um prédio baixo, e o fedor era tão horrível que fui obrigada a prender a respiração, e imaginei que ali fosse a cozinha. Mais tarde descobri que minha suposição estava correta, e sorri ao ler a placa que ficava no final do caminho de entrada: "Visitantes não são permitidos nesta via". Não acho que a placa seria necessária se os visitantes pudessem andar por ali, ainda mais num dia quente.

    A ambulância parou, e a enfermeira e o policial responsável pelo grupo nos mandaram sair. A enfermeira acrescentou: "Graças a Deus! Vieram quietinhas". Obedecemos às ordens de prosseguir por um lance de degraus estreitos de pedra, que evidentemente tinham sido construídos para pessoas que sobem três degraus por vez. Eu me perguntei se minhas companheiras sabiam onde estávamos, então perguntei à srta. Tillie Mayard: "Onde estamos?". "No asilo de lunáticos de Blackwell's Island", ela respondeu com ar triste. "Você é louca?", perguntei. "Não", ela respondeu, "mas, já que fomos mandadas pra cá, vamos precisar ficar quietas até arranjar algum jeito de fugir. Não vai ser fácil se todos os médicos, assim como o dr. Field, se recusarem a me ouvir ou a me dar alguma chance de provar minha sanidade." Fomos levadas a um vestíbulo apertado e a porta foi trancada atrás de nós.

Embora eu soubesse que era sã e que estaria livre em poucos dias, senti um aperto no peito. Declarada louca por quatro médicos especialistas e jogada atrás das impiedosas grades de um manicômio! Não ser confinada sozinha, mas me tornar companheira, dia e noite, de lunáticas falastronas e incoerentes; dormir com elas, comer com elas, ser considerada uma delas era uma posição incômoda. Seguimos, timidamente, a enfermeira pelo longo corredor sem tapete que levava a uma sala cheia das tais mulheres loucas. Pediram que nos sentássemos, e algumas das pacientes gentilmente nos deram lugar. Olhavam-nos com curiosidade, e uma delas se aproximou de mim e perguntou: "Quem mandou você pra cá?". "Os médicos", respondi. "Pra quê?", ela insistiu. "Bem, disseram que sou louca", admiti. "Louca!", ela repetiu, incrédula. "Não se vê no seu rosto."

Essa mulher era muito inteligente, concluí, e não se incomodava em obedecer às ordens grosseiras de que acompanhasse a enfermeira para ver o médico. Essa enfermeira, a srta. Grupe, tinha um belo rosto de alemã, e, se eu não tivesse notado certas linhas de expressão rígidas ao redor da boca, teria esperado, como faziam minhas companheiras, receber apenas gentileza de sua parte. Ela nos levou até uma salinha de espera no final do corredor e nos deixou sozinhas, dirigindo-se a um pequeno escritório que se abria para a recepção. "Eu gosto de andar de ambulância", ela disse a um interlocutor invisível lá dentro. "Ajuda a passar o dia." Ele respondeu que o ar livre lhe fazia bem à aparência, e ela mais uma vez se pôs diante de nós, sorrindo de orelha a orelha. "Venha cá, Tillie Mayard", ela disse. A srta. Mayard obedeceu e, ainda que eu não visse o interior da sala, pude ouvi-la defendendo seu caso de forma educada, mas firme. Seus comentários eram todos tão racionais quanto os de qualquer pessoa, e pensei que nenhum médico bom poderia ouvir sua história e não se impressionar. Ela falou de sua doença recente, contou que vinha sofrendo de debilidade nervosa. Implorou para que fizessem todos os exames de loucura que estivessem disponíveis, se é que havia algum, e lhe oferecessem justiça. Pobre moça, como me compadeci dela! Naquele momento decidi fazer todo o possível para garantir que minha missão beneficiasse minhas irmãs sofredoras; para mostrar que são internadas sem uma avaliação cuidadosa. Sem uma palavra de compaixão ou apoio, ela foi trazida de volta para onde estávamos sentadas.

Em seguida a sra. Louise Schanz foi levada à presença do dr. Kinier, o clínico. "Seu nome?", ele perguntou, muito alto. Ela respondeu em alemão, dizendo que não falava nem compreendia inglês. No entanto, quando ele disse "senhora Louise Schanz" ela disse "Yah, yah". Ele tentou fazer outras perguntas, e, quando descobriu que ela não entendia uma palavra em inglês, disse à srta. Grupe: "Você é alemã, fale com ela para mim". A srta. Grupe revelou-se uma daquelas pessoas que se envergonham de sua nacionalidade e recusou-se, dizendo que só entendia poucas palavras de sua língua materna. "Você sabe que fala alemão. Pergunte à mulher o que o marido dela faz", e ambos riram como se contassem uma piada. "Só sei falar poucas palavras", ela reclamou, mas enfim conseguiu determinar a ocupação do sr. Schanz. "De que adiantou mentir para mim?", perguntou o médico, com uma risada que dissipou o tom grosseiro. "Não sei falar mais nada", ela disse, e não falou mais.

Dessa maneira a sra. Louise Schanz foi confiada ao hospício sem nenhuma chance de fazer-se entender. Como justificar tamanho descuido, perguntei-me, sendo tão fácil contratar um intérprete? Se a reclusão se limitasse a poucos dias seria possível argumentar que não havia necessidade. Mas estamos falando de uma mulher que fora retirada de um mundo livre contra sua vontade e levada para um asilo onde não lhe deram nenhuma chance de provar sua sanidade. Presa atrás das grades de um hospício, provavelmente para o resto da vida, sem sequer ouvir uma boa explicação para isso em sua língua. Compare a situação dela à de um criminoso que tem todas as chances de provar sua inocência. Quem não preferiria ser assassino e arriscar a vida a ser declarado louco sem ter esperança de escapar? Em alemão, a sra. Schanz pediu para saber onde estava e implorou por sua liberdade. Com a voz entrecortada por soluços, ela foi levada para longe de nós sem ser ouvida.

Em seguida a sra. Fox passou pela mesma avaliação fútil e ineficaz e foi trazida da sala, já condenada. A srta. Annie Neville foi logo depois e eu novamente fiquei por último. A essa altura eu decidira agir como quando estava livre, com a única diferença de que me recusaria a dizer quem eu era ou de onde vinha.

ELES A EXAMINAM MAIS UMA VEZ
O médico presta mais atenção na enfermeira do que na paciente

"Nellie Brown, o médico está esperando você", disse a srta. Grupe. Entrei na sala e fui orientada a me sentar à mesa, de frente para o dr. Kinier. "Qual é seu nome?", ele perguntou, sem erguer os olhos. "Nellie Brown", respondi calmamente. "Onde a senhorita mora?", perguntou, anotando o que eu dizia num caderno grande. "Em Cuba." "Ah!", ele exclamou, como se de repente entendesse tudo — depois, dirigindo-se à enfermeira: "Viu algo sobre ela nos jornais?". "Vi", ela respondeu. "Li um longo artigo sobre essa moça no *Sun* de domingo." Então o médico disse: "Mantenha a moça aqui, vou ao escritório ler a notícia de novo". Ele nos deixou, e fui orientada a tirar o chapéu e o xale. Ao voltar, ele disse que não encontrara o jornal, e relatou a história de minha chegada, de memória, à enfermeira. "De que cor são os olhos dela?" A srta. Grupe olhou e respondeu cinza, embora todo mundo sempre me dissesse que meus olhos eram castanhos ou cor de avelã. "Qual é a sua idade?", ele perguntou e, quando respondi "Fiz dezenove em maio",* virou-se para a enfermeira e disse: "Quando é sua próxima licença?". Deduzi que isso era um dia livre ou um "dia de folga". "No próximo sábado", ela respondeu com uma risada. "Vai passear na cidade?", e ambos riram como se ela tivesse respondido que sim, e ele disse: "Meça a paciente".

Colocaram-me debaixo de uma escala e a desceram até que encostasse na minha cabeça. "Qual é?", perguntou o médico. "Você sabe que não sei dizer", ela disse. "Sabe, sim; me diga. Qual é a altura?" "Não sei; tem uns números aqui, mas não sei." "Sabe, sim. Olhe e me diga." "Não sei; olhe você", e eles riram de novo enquanto o médico deixava seu lugar à mesa e se aproximava para ver com seus próprios olhos. "1,67; não está vendo?", ele disse, pegando a mão da moça e passando os dedos pelos números. Pelo tom da enfermeira eu notei que ela ainda não tinha entendido, mas isso não era da minha conta, já que o médico parecia ter prazer em ajudá-la. Depois me colocaram sobre a balança, e ela foi ajustando os pesos até conseguir equilibrá-los. "Quantos quilos?", perguntou o médico, já de volta à mesa. "Não sei. Você vai precisar olhar", ela respondeu, chamando-o por seu primeiro nome, do qual me esqueci. Ele virou-se e, também a

---

* Na verdade, ela tinha 23 anos. (N.E.)

chamando pelo primeiro nome, disse: "Você está ficando muito folgada!", e os dois riram. Em seguida eu disse meu peso — 50,8 quilos — à enfermeira, e ela então disse o mesmo ao médico. "A que horas vai jantar?", ele perguntou, e ela respondeu. Ele deu mais atenção à enfermeira do que a mim e, a cada pergunta que me fazia, fazia seis a ela. Então ele escreveu qual seria meu destino no caderno que tinha diante de si. Eu disse: "Não estou doente e não quero ficar aqui. Ninguém tem o direito de me calar dessa maneira". Ele não deu ouvidos aos meus comentários e, ao terminar suas anotações e sua conversa com a enfermeira, disse que aquilo era suficiente, e, com minhas companheiras, voltei para a sala de convivência.

"Sabe tocar piano?", elas perguntaram. "Ah, sim; desde criança", respondi. Então insistiram que eu tocasse, e me colocaram sentada numa cadeira de madeira, diante de um piano de parede antigo. Toquei algumas notas, e o som desafinado me deu calafrios. "Que horror!", exclamei, virando-me para uma enfermeira, a srta. McCarten, que estava em pé ao meu lado. "Nunca encostei num piano tão desafinado." "Mas que peninha", disse ela com despeito, "vamos precisar encomendar um piano só para você." Comecei a tocar as variações de "Home, Sweet Home". A conversa cessou e todas as pacientes ficaram sentadas em silêncio enquanto meus dedos frios se moviam, lentos e rígidos, pelo teclado. Parei de repente e recusei todos os pedidos para que tocasse mais. Sem encontrar nenhum lugar desocupado para me sentar, continuei na cadeira diante do piano enquanto "avaliava" o ambiente ao meu redor.

Era um cômodo comprido e pouco mobiliado, ladeado por bancos amarelos sem adornos. Esses bancos, que eram muito retos e igualmente desconfortáveis, comportavam cinco pessoas, mas quase sempre havia seis pacientes amontoadas. Janelas com grades, posicionadas a cerca de um metro e meio do chão, ficavam de frente para as duas portas duplas que levavam ao corredor. As paredes brancas e vazias eram suavizadas por três litogravuras, uma do compositor Fritz Emmet e duas de menestréis negros. No centro do cômodo havia uma grande mesa coberta por uma colcha, e ao redor dela sentavam-se as enfermeiras. A limpeza era impecável, e pensei que as enfermeiras deviam ser muito dedicadas para manter tudo em ordem. Poucos dias depois, eu dei risada de minha própria estupidez por ter pensado que as enfermeiras se sujeitariam a trabalhar. Quando perceberam que eu não ia mais tocar, a srta. McCarten se aproximou e fechou o piano com um baque, dizendo em tom grosseiro: "Saia já daqui".

"Brown, venha cá" foi a próxima ordem que recebi, de uma mulher grosseira de rosto vermelho que estava sentada à mesa. "O que você trouxe?" "Minha roupa", respondi. Ela ergueu meu vestido e saias e anotou um par de sapatos, um par de meias, um vestido de tecido, um chapéu de palha e assim por diante.

DURANTE O JANTAR
Manteiga rançosa, chá fraco e cinco ameixas secas:
uma refeição pouco atraente

Finda essa verificação, ouvimos alguém gritar: "Saiam para o corredor". Uma das pacientes nos fez a gentileza de explicar que isso era um convite para o jantar. Nós, novatas, tentávamos permanecer juntas, por isso nos dirigimos ao corredor e paramos ao lado da porta, onde todas as mulheres tinham se aglomerado. Como tremendo paradas ali. As janelas estavam abertas e a corrente de ar gelado atravessava o corredor com um assobio. As pacientes estavam azuladas de tanto frio, e os minutos logo se transformaram num quarto de hora. Enfim uma das enfermeiras destrancou uma porta, pela qual nos esprememos para chegar ao patamar da escada. Ali, mais uma longa espera bem em frente a uma janela aberta. "Que imenso descuido da parte das funcionárias deixar essas mulheres mal agasalhadas esperando nesse frio", disse a srta. Neville. Olhei para as pobres presas loucas e acrescentei em tom enfático: "É uma verdadeira brutalidade". Enquanto elas ficavam ali, eu pensei que não teria prazer em jantar aquela noite. As mulheres pareciam tão perdidas e desenganadas. Algumas tagarelavam bobagens sem sentido direcionadas a pessoas invisíveis, outras riam ou choravam à toa, e uma senhora grisalha me cutucava e, com piscadelas, acenos de ar sábio e meneios dos olhos e das mãos, como que expressando pena, alertava que eu não devia dar atenção às pobrezinhas, porque eram todas loucas. "Parem diante do aquecedor" foi a próxima ordem, "e façam fila, de duas em duas". "Mary, faça dupla com alguém." "Quantas vezes preciso pedir para vocês fazerem fila?" "Fique quieta", e, à medida que as ordens eram dadas, empurrões eram distribuídos, assim como tapas nas orelhas. Depois dessa terceira e última pausa, fomos levadas a um refeitório comprido e estreito, onde todas correram para a mesa.

A mesa tomava todo o comprimento da sala e, além de não ter toalha, era pouco atraente. Havia bancos longos e sem encosto para acomodar as pacientes, e tinham que passar as pernas por cima deles para sentar de frente para a mesa. Posicionadas lado a lado ao longo da mesa havia grandes tigelas cheias de uma coisa quase cor-de-rosa que as pacientes chamavam de chá. Ao lado de cada tigela havia uma fatia grossa de pão com manteiga. Um pequeno pires contendo cinco ameixas secas acompanhava o pão. Uma mulher gorda saiu correndo e, erguendo vários pires das pacientes ao seu redor, despejou seu conteúdo no próprio pires. Depois, sem largar a própria tigela, pegou outra e secou seu conteúdo com um só gole. E fez o mesmo com uma segunda tigela em menos tempo do que eu levaria para relatar o que ocorreu. Na verdade, fiquei tão interessada em seus furtos bem-sucedidos que quando olhei para minha porção de comida a mulher que estava do outro lado da mesa, sem pedir licença, surrupiara meu pão e me deixara sem nada.

Vendo isso, outra paciente teve a bondade de me oferecer seu pão, que agradeci e recusei, procurando a enfermeira para pedir mais. Depois de jogar uma fatia grossa na mesa, ela comentou que eu podia até ter esquecido de onde eu vinha, mas ainda sabia comer. Experimentei o pão, mas a manteiga era tão horrível que não consegui comer. Uma garota alemã de olhos azuis que estava do lado oposto da mesa me disse que eu poderia pedir o pão sem manteiga se quisesse, e que poucas pacientes conseguiam comer aquela manteiga. Voltei minha atenção às ameixas secas e percebi que não aguentaria comer muitas. Uma paciente que estava próxima pediu que eu lhe desse as minhas. Eu dei. Só me restou a tigela de chá. Dei um gole, e um só gole bastou. Não tinha açúcar, e parecia preparado numa chaleira de cobre. Era tão ralo quanto a água. Também foi transferido a uma paciente que estava com mais fome, a despeito das reclamações da srta. Neville. "Você precisa fazer a comida descer", ela disse, "senão vai ficar doente, e nunca se sabe, num ambiente desses você pode acabar ficando louca. Para cuidar da cabeça, a gente tem que cuidar do estômago." "Não consigo comer isso de jeito nenhum", respondi, e, apesar de seu alerta, não comi nada naquela noite.

Não levou muito tempo para que as pacientes consumissem tudo o que havia de comestível sobre a mesa e para que recebêssemos a ordem de formar uma fila no corredor. Em seguida, as portas diante de nós foram destrancadas e nos mandaram voltar para a sala de convivência. Muitas pacientes se aglomeraram ao nosso redor, e mais uma vez me pediram para tocar piano, tanto elas quanto as enfermeiras. Para agradar as pacientes prometi tocar, e a srta. Tillie Mayard disse que cantaria. A primeira canção que ela me pediu foi "Rock-a-bye Baby", e eu atendi. Seu canto era um primor.

NO BANHO
Sabonete amolecido para esfregar e na cama de camisola molhada

Depois de mais algumas músicas nos disseram para acompanhar a srta. Grupe. Fomos conduzidas a um banheiro frio e molhado e me mandaram tirar a roupa. Se me queixei? Bem, eu nunca me esforcei tanto para escapar de uma situação. Disseram que se eu não obedecesse, usariam a força e não seriam nada delicadas. Avistei uma das mulheres mais loucas da ala, em pé ao lado da banheira cheia, segurando um grande farrapo desbotado. Falava sem parar consigo mesma e ria baixinho de um jeito que me pareceu diabólico. Nesse momento eu soube o que fariam comigo. Eu tremia. Começaram a me despir, tirando minhas roupas uma a uma até sobrar apenas uma peça. "Não vou tirar", eu disse com veemência, sem sucesso. Lancei um olhar ao grupo de pacientes que se juntara ao lado da porta para assistir à cena e entrei na banheira num pulo, com mais energia do que graciosidade.

A água estava gélida, e mais uma vez protestei. Não fez a menor diferença. Implorei para que pelo menos as pacientes fossem levadas dali, mas me mandaram calar a boca. A mulher louca começou a me esfregar. Não conheço outra palavra além de "esfregar" para expressar o que ocorreu. Ela pegava um pouco de sabonete mole de uma panelinha de lata e passava com força no meu corpo inteiro, inclusive no meu rosto e no meu cabelo tão vistoso. Eu finalmente me tornei incapaz de ver ou falar, mesmo tendo implorado para que ela poupasse meu cabelo. E a velha esfregava, esfregava, esfregava, matraqueando sozinha. Meus dentes batiam e meus membros ficaram arrepiados e azuis de frio. De repente ela jogou, um após o outro, três baldes d'água na minha cabeça. A água também era fria como gelo e entrou nos meus olhos, orelhas, nariz e boca. Acho que experimentei algumas das sensações de afogamento quando me arrastaram, engasgando, tremendo e me debatendo, para fora da banheira. Se alguma vez na vida eu de fato pareci louca foi quando me vestiram, ainda encharcada, com uma combinação curta de flanela em que se lia "Hospital de Alienados B. I. C. 6" em letras pretas na costura. As letras significavam Blackwell's Island, Corredor 6.

A essa altura já haviam despido a srta. Mayard, e, por mais que eu tivesse odiado o banho, eu teria tomado outro se assim pudesse livrá-la daquela experiência. Pensar em mergulhar aquela moça doente na água fria me fez estremecer como se tivesse malária — eu que nunca adoeci. Eu a ouvi explicar para a srta. Grupe que sua cabeça ainda estava dolorida devido à doença que tivera. Seu cabelo estava curto e tinha caído quase todo, e ela pediu que a mulher louca fosse orientada a esfregar com menos força, mas a srta. Grupe disse: "Não temos medo de machucar você, não. Cala a boca ou vai ser pior". A srta. Mayard de fato ficou de boca fechada, e essa foi a última vez que a vi naquela noite.

Fui levada às pressas para um quarto onde havia seis camas, e teria sido colocada para dormir se alguém não tivesse aparecido para me mudar de lugar, dizendo: "Hoje a Nellie Brown precisa ficar num quarto individual, porque pelo visto é barulhenta". Me levaram para o quarto 28 e me deixaram sozinha para tentar amaciar o colchão. Era impossível. De alguma maneira a cama era mais alta no centro e afundada dos dois lados. Ao primeiro contato minha cabeça encharcou o travesseiro e minha camisola molhada transferiu parte da umidade para o lençol. Quando a srta. Grupe entrou no quarto, eu perguntei se não podia me oferecer uma camisola. "Não temos esse tipo de coisa nesta instituição", ela disse. "Eu não gosto de dormir sem camisola", respondi. "Isso não é problema meu", ela disse. "Agora você está em uma instituição pública e não pode esperar nada. Esta é uma ala de caridade, e você devia agradecer o que recebe." "Mas a prefeitura paga para manter esses lugares", insisti, "e paga para as pessoas tratarem com gentileza as desafortunadas que são trazidas para cá." "Bem, é melhor você não esperar nenhuma gentileza aqui, porque não vai receber", ela disse, e em seguida saiu e fechou a porta.

Havia um lençol e uma colcha impermeável embaixo de mim, e um lençol e um cobertor de lã preta em cima. Eu nunca tinha me irritado como me irritei com aquele cobertor de lã quando tentei mantê-lo sobre os ombros para afastar o frio. Quando o puxava para cima descobria os pés, e quando o puxava para baixo expunha os ombros. Não havia absolutamente nada no quarto, a não ser a cama e eu mesma. Como a porta foi trancada, imaginei que me deixariam sozinha até o dia seguinte, mas ouvi o barulho dos passos pesados de duas mulheres pelo corredor. Elas paravam diante de cada porta, as destrancavam e depois de alguns instantes eu as ouvia trancando-as de novo. Fizeram isso sem nenhum esforço para manter o silêncio, percorrendo todo o lado oposto do corredor até chegar ao meu quarto. Nesse momento houve uma pausa. A chave foi inserida na fechadura e virada. Vi as mulheres que estavam prestes a entrar. Usavam vestidos listrados em marrom e branco, presos por botões de latão, aventais brancos e largos, um pesado cordão verde na cintura, do qual pendia um punhado de chaves grandes, e quepezinhos brancos na cabeça. Estavam vestidas como as funcionárias do dia, eram enfermeiras. A primeira trazia uma lanterna, e apontou a luz para o meu rosto enquanto dizia à assistente: "Esta é a Nellie Brown". Olhando para ela, perguntei: "Quem é você?". "A enfermeira da noite, minha querida", ela respondeu, e me desejando bons sonhos saiu do quarto e trancou a porta atrás de si. Elas entraram várias vezes ao longo da noite, e, mesmo que eu tivesse conseguido adormecer, o barulho da porta maciça sendo destrancada, a conversa alta e os passos pesados teriam me acordado.

O HORROR DO FOGO
Em caso de incêndio, fugir é praticamente impossível

Não consegui dormir, então fiquei deitada na cama, imaginando os horrores que enfrentaríamos caso um incêndio se deflagrasse. Todas as portas são trancadas separadamente e há grades resistentes nas janelas, de forma que é impossível fugir. Só naquele único prédio há — acho que o dr. Ingram* foi quem me disse — cerca de trezentas mulheres. Estão presas, de uma a dez em cada quarto. É impossível sair, a não ser que essas portas sejam destravadas. Um incêndio não é improvável, pelo contrário, tem muita chance de ocorrer. Caso o prédio pegue fogo, os guardas e as enfermeiras jamais pensariam em soltar suas pacientes loucas. Isso eu posso provar mais adiante, quando chegar a hora de relatar o tratamento cruel que dispensam às pobres criaturas que vivem sob seus cuidados. Como disse, em caso de incêndio, nem uma dúzia de mulheres conseguiria fugir. Seriam todas deixadas para trás e morreriam queimadas. Mesmo se as enfermeiras fossem bondosas, o que não são, mulheres de sua classe não teriam a presença de espírito necessária para arriscar a própria vida entre as chamas e abrir a centena de portas para libertar suas prisioneiras lunáticas. A não ser que haja uma mudança, uma história de horror sem precedentes um dia se tornará realidade.

---

* O dr. Frank H. Ingram, superintendente assistente do hospício de Blackwell's Island, depois se tornou amigo de Bly. Morreu em 1893, aos 33 anos. (N.E.)

A esse respeito houve um incidente curioso pouco antes de me soltarem. Eu estava conversando com o dr. Ingram sobre vários assuntos, e por fim lhe disse o que pensava que aconteceria caso houvesse um incêndio. "Espera-se que as enfermeiras abram as portas", ele disse. "Mas o doutor sabe muito bem que elas não esperariam para fazer isso", eu disse, "e essas mulheres morreriam queimadas." Ele continuou sentado em silêncio, incapaz de contestar minha afirmação. "Por que você não muda isso?", perguntei. "O que eu poderia fazer?", ele replicou. "Ofereço soluções até meu cérebro cansar, mas não adianta nada. O que você faria?", ele perguntou, virando-se para mim, a moça declarada louca. "Ora, eu insistiria para instalarem fechaduras que já vi em alguns lugares, que permitem que você gire uma manivela no final do corredor para trancar ou destrancar todas as portas daquele lado. Assim haveria alguma chance de resgate. Com todas as portas com fechaduras separadas, não há chance nenhuma." O dr. Ingram me encarou com uma expressão ansiosa no rosto bondoso e perguntou pausadamente: "Nellie Brown, você foi internada em qual instituição antes de vir para cá?". "Nenhuma. Nunca fui internada em nenhuma instituição, com exceção de um colégio interno." "Então onde você viu as fechaduras que acabou de descrever?" Eu tinha visto as fechaduras na nova penitenciária de Pittsburgh, mas não me atrevi a revelar. Apenas respondi: "Ah, eu vi num lugar em que estive... Digo, como visitante". "Conheço só um lugar que tem essas fechaduras", ele disse com pesar, "e esse lugar é a prisão de segurança máxima de Sing Sing. Só posso concluir uma coisa." Ri muito sinceramente dessa acusação implícita e tentei convencê-lo de que, até aquela ocasião, eu nunca estivera presa em Sing Sing e sequer visitara o lugar.

Assim que a manhã começou a despontar eu dormi. Não muito depois, ou assim me pareceu, alguém me acordou de maneira brusca e me disse para levantar, abrindo a janela e arrancando minhas cobertas. Meu cabelo continuava molhado e meu corpo todo doía, como se eu tivesse reumatismo. Algumas peças de roupa foram atiradas no chão e me mandaram vesti-las. Perguntei por minhas próprias roupas, mas ouvi de quem parecia ser a enfermeira-chefe, a srta. Grady, que deveria usar aquilo e ficar quieta. Olhei para as peças. Uma anágua feita de algodão escuro e áspero e um vestido de chita branco de aparência barata com uma mancha preta. Amarrei os cordões da anágua em volta da cintura e coloquei o vestidinho. O modelo, como o de todos os vestidos que as pacientes usavam, tinha uma cintura reta e justa costurada junto de uma saia reta. Quando abotoei o vestido na cintura, percebi que a anágua era cerca de quinze centímetros mais comprida do que a saia, e por um instante me sentei na cama e ri da minha própria aparência. Nunca uma mulher desejou tanto ter um espelho como eu naquele momento.

Vi outras pacientes apressadas pelo corredor e decidi que não perderia o que quer que estivesse ocorrendo. Éramos, no total, 45 mulheres no Corredor 6, e fomos mandadas para o banheiro, onde havia duas toalhas ásperas. Observei pacientes loucas que tinham o rosto coberto por erupções perigosas secarem-se com as toalhas e em seguida mulheres de pele lisa as usarem. Fui até a banheira e lavei meu rosto na saída de água, e minha anágua fez as vezes de toalha.

A PRIMEIRA MANHÃ
Um pente com um pente comunitário, o café da manhã e o uniforme

Antes que eu terminasse minhas abluções, um banco foi trazido para dentro do banheiro. A srta. Grupe e a srta. McCarten chegaram trazendo pentes. Exigiram que nos sentássemos no banco, e os cabelos de 45 mulheres foram desembaraçados por uma paciente, duas enfermeiras e seis pentes. Vendo as enfermeiras pentearem algumas cabeças repletas de feridas, pensei que essa era mais uma provação para a qual eu não me candidatara. A srta. Tillie Mayard tinha seu próprio pente, mas a srta. Grady o confiscou. Ah, aquela cena! Eu nunca tinha compreendido a expressão "pegar alguém pelos cabelos", mas ali isso mudou. Meu cabelo, todo embaraçado e molhado desde a noite anterior, foi puxado e esticado com violência, e, depois de protestar em vão, eu cerrei os dentes e aguentei a dor. Não quiseram me entregar meus grampos e fizeram uma trança amarrada com um trapo de algodão vermelho. Minha franja cacheada rebelou-se, caindo na frente do rosto.

Depois fomos para a sala de convivência e procurei minhas companheiras. De início foi em vão, não conseguia distingui-las das outras pacientes, mas um pouco depois reconheci a srta. Mayard graças ao cabelo curto. "Dormiu bem depois do banho frio?" "Quase congelei, e depois o barulho não me deixou dormir. É terrível. Meus nervos estavam tão frouxos antes de vir para cá, e tenho medo de não suportar toda essa tensão." Eu me esforcei ao máximo para animá-la. Pedi que nos dessem mais roupas, ou pelo menos aquilo que os bons costumes pedem que mulheres usem, mas me mandaram calar a boca; não nos ofereceriam nada além daquilo.

Fomos obrigadas a nos levantar às seis em ponto, e às sete e quinze nos mandaram para o corredor, onde a espera da noite anterior se repetiu. Quando enfim entramos no refeitório encontramos uma tigela de chá frio, uma fatia de pão com manteiga e um pires de mingau de aveia com melaço. Eu estava com fome, mas a comida não descia. Pedi pão sem manteiga e me deram. Não consigo pensar em algo que tenha aquela cor preta que lembrava sujeira. O pão era duro, e em algumas partes não passava de massa seca. Encontrei uma aranha na minha fatia e não a comi. Experimentei o mingau com melaço, que era asqueroso, e por fim me pus a tentar, embora sem muito êxito, enfiar o chá goela abaixo.

Depois que voltamos à sala de convivência, várias das mulheres foram instruídas a arrumar as camas, algumas das pacientes foram instruídas a limpar e outras receberam tarefas diversas que davam conta de todo o trabalho necessário. Não são as funcionárias que mantêm a instituição tão limpa para as pobres pacientes, como eu sempre havia pensado, mas as pacientes que fazem tudo — até a limpeza dos quartos das enfermeiras e a lavagem de suas roupas.

Por volta das nove e meia as novas pacientes, grupo no qual eu me incluía, foram orientadas a visitar o médico. Entrei, e o jovem médico paquerador, o primeiro que nos vira no dia de nossa chegada, examinou meus pulmões e meu coração. Quem fez o relatório, se não me engano, foi o superintendente-assistente Ingram. Algumas perguntas e permitiram que eu voltasse à sala de convivência.

Entrei na sala e vi a srta. Grady com meu caderno e meu lápis comprido que fora comprado especialmente para a ocasião. "Quero meu caderno e meu lápis", eu disse, com muita sinceridade. "Me ajudam a me lembrar das coisas." Eu estava muito ansiosa para pegá-los de volta e fazer minhas anotações, e fiquei decepcionada quando ela disse: "Não vou devolver, então cale a boca". Alguns dias depois perguntei ao dr. Ingram se poderiam me devolver, e ele prometeu pensar no assunto. Quando voltei a mencioná-lo, ele contou que a srta. Grady informou que eu só trouxera um caderno, que não tinha lápis nenhum. Fiquei nervosa e insisti que tinha, ao que fui aconselhada a tentar controlar as invenções da minha cabeça.

Depois que as pacientes concluíram o trabalho doméstico, e como o dia estava bonito, mas frio, nos disseram para ir ao corredor e buscar nossos xales e chapéus para uma caminhada.

Pobres pacientes. Como estavam carentes de ar fresco; como estavam carentes de um instante longe da prisão. Todas se apressaram em direção ao corredor, e foi um rebuliço para pegarem os chapéus. Cada chapéu!

AS PACIENTES VIOLENTAS
Cenas apavorantes no pátio — Os perigos da ociosidade forçada

Havíamos dado poucos passos quando vi, vindas de todas as direções, longas filas de mulheres sob a guarda de enfermeiras. Eram tantas! Para todo lado que olhasse eu as via com aqueles vestidos esquisitos e chapéus de palha e xales ridículos, marchando lentamente de um lado para o outro. Observei com interesse as filas e um arrepio de horror me atravessou. Tinham olhos vazios e rostos apáticos, e suas línguas proferiam o mais absurdo nonsense. Um grupo passou e notei, tanto com o nariz quanto com os olhos, que as mulheres estavam num estado de imundície de dar medo. "Quem são essas?", perguntei para uma paciente que estava perto. "Elas são consideradas as mais violentas da ilha", ela respondeu. "Ficam no chalé, o primeiro prédio com os degraus altos." Algumas gritavam, algumas xingavam, outras cantavam ou rezavam ou davam sermão, de acordo com o que lhes viesse à cabeça, e juntas compunham o grupo de seres humanos mais triste que eu já vira. Assim que o rumor dessa passagem se dissipou, revelou-se à distância outra visão de que jamais me esquecerei.

Uma longa corda presa a cintos de couro largos, e esses cintos amarrados ao redor da cintura de 52 mulheres. No final da corda havia um carro pesado de ferro, e nele, duas mulheres — uma cuidando de um pé machucado, outra gritando com alguma enfermeira: "Você me bateu e eu nunca vou esquecer. Você quer me matar", e em seguida caiu no choro. Cada uma das mulheres "da corda", como as pacientes diziam, se ocupava com suas próprias bizarrices. Algumas gritavam do começo ao fim. Uma, que tinha olhos azuis, me viu olhando para ela e se virou o máximo que pôde, falando e sorrindo, com aquela expressão terrível, horripilante, de absoluta insanidade estampada no rosto. Talvez no caso dela os médicos tivessem alguma razão. Para alguém que nunca havia estado perto de uma pessoa louca, o horror daquela cena foi indescritível. "Deus as ajude", suspirou a srta. Neville. "É tão horrível que eu não consigo olhar." As mulheres seguiram adiante, mas só para que seus lugares fossem novamente preenchidos. Você pode imaginar essa cena? De acordo com um dos médicos, há 1600 mulheres em Blackwell's Island.

Muito me irritou notar que algumas enfermeiras que tinham ouvido falar da minha história fascinante chamavam as que eram responsáveis por nós para perguntar qual das pacientes eu era. Apontaram para mim inúmeras vezes.

Não demorou para que a hora do almoço chegasse, e eu estava tão faminta que pensei ser capaz de comer qualquer coisa. Aquela velha história de ficar em pé por 45 minutos no corredor se repetiu antes de podermos descer. As tigelas nas quais tínhamos bebido o chá ressurgiram cheias de sopa, e num prato havia uma batata cozida fria e um naco de carne que se revelou ligeiramente estragada. Não havia facas nem garfos, e as pacientes pareciam um tanto selvagens pegando a carne dura com as mãos e puxando com os dentes. Quem não tinha dentes ou os tinha muito fracos não conseguia comer. Recebemos uma colher de sopa e um pedaço de pão, que era o último prato. Não é permitido manteiga no almoço, nem beber café ou chá. A srta. Mayard não conseguiu comer, e vi muitas doentes virarem o rosto, enojadas. Eu estava ficando muito fraca devido à falta de comida e tentei ingerir uma fatia de pão. Depois das primeiras mordidas a fome se agravou, e consegui comer aquela única fatia até só restarem as migalhas.

O superintendente Dent passou pela sala de convivência, oferecendo um "Como vai?" ou "Como estão hoje?" às pacientes aqui e ali. Sua voz era tão fria quanto o corredor, e as pacientes nem sequer tentaram lhe contar suas agruras. Pedi a algumas delas que relatassem como sofriam com o frio e com a falta de roupas adequadas, mas responderam que a enfermeira lhes daria uma surra se o fizessem.

Eu nunca tinha me sentido tão cansada como sentada naqueles bancos. Algumas das pacientes tentavam se sentar apoiadas em um só pé ou de lado, para variar a posição, mas sempre lhes davam bronca e mandavam que ficassem eretas. Se falassem, as censuravam e lhes diziam para calar a boca; se quisessem andar um pouco para relaxar os membros, lhes diziam para sentar e ficar quietas. À exceção da tortura, que tratamento levaria uma pessoa à loucura com mais rapidez? Aquele era mesmo um grupo de mulheres internadas para serem curadas? Eu gostaria que os médicos especialistas que me condenam por minhas ações, que provaram sua competência, pegassem uma mulher perfeitamente lúcida e saudável, trancassem-na e a fizessem ficar sentada das seis da manhã às oito da noite em bancos de encosto reto, sem permitir que ela falasse ou se mexesse durante essas horas, sem lhe oferecer qualquer leitura e sem deixar que soubesse nada sobre o mundo e seus acontecimentos, lhe oferecessem comida ruim e tratamento severo, e então observassem quanto tempo levaria para que ela ficasse louca. Dois meses seriam suficientes para arruiná-la mental e fisicamente.

COMIDA RUIM E FUNCIONÁRIAS PIORES AINDA
Se uma pessoa adoece, é natural que acabe morrendo

Descrevi meu primeiro dia no hospício e, como meus outro nove dias foram exatamente iguais no panorama geral, seria cansativo narrar cada um deles. Ao relatar essa história, espero que muitas das pessoas expostas aqui me contradigam. Eu apenas contei, com palavras corriqueiras e sem exageros, como foi minha vida num hospício por dez dias. A alimentação era uma das piores coisas. Com exceção dos primeiros dois dias, a comida não tinha sal. As mulheres famintas, e em alguns casos desnutridas, até tentavam ingerir os grudes que lhes serviam. Colocavam mostarda e vinagre na carne e na sopa para dar sabor, mas isso só piorava a situação. Até mesmo esses temperos foram consumidos em dois dias, e as pacientes tiveram de engolir um peixe fervido em água, sem sal, pimenta nem manteiga; carneiro, carne bovina e batata sem nenhum sinal de tempero. As mais loucas se recusavam a comer, e as enfermeiras ameaçavam puni-las. Em nossas breves caminhadas passávamos pela cozinha onde se preparava a comida para as enfermeiras e os médicos. Lá vislumbrávamos melões e uvas e frutas de todos os tipos, belos pães brancos e carnes nobres, e a fome ficava dez vezes maior. Falei com alguns dos médicos, mas foi em vão, e quando me soltaram a comida continuava sem sal.

Doía-me o coração ver as pacientes adoentadas ficarem ainda piores à mesa. Vi a srta. Tillie Mayard passar tão mal depois de uma colherada que precisou sair correndo do refeitório, e depois levou um sermão. Quando as pacientes reclamavam da comida, mandavam-lhes calar a boca, dizendo que em casa não comeriam melhor, e que a comida ali era até boa demais para a caridade.

Uma moça alemã, Louise — esqueci seu sobrenome —, não comeu por vários dias até que, numa certa manhã, desapareceu. Pela conversa das enfermeiras, descobri que tinha sido acometida por uma febre alta. Coitadinha. Ela me dizia que rezava para que a morte chegasse. Vi as enfermeiras obrigarem uma paciente a levar a comida que as mulheres saudáveis tinham recusado até o quarto de Louise. Quem pensaria em dar aquela porcaria a uma paciente doente? É claro que ela recusou. Depois vi uma enfermeira, a srta.

McCarten, ir tirar sua temperatura e voltar relatando que estava com febre de sessenta graus. Isso me fez rir, e a srta. Grupe, ao perceber, me perguntou qual era a febre mais alta que eu já tivera. Eu não quis responder. Então a srta. Grady resolveu fazer sua tentativa. Voltou dizendo que a moça estava com 37 graus.

A srta. Tillie Mayard sofreu com o frio mais do que todas nós, e mesmo assim tentou seguir meu conselho de se animar e suportar a situação por algum tempo. O superintendente Dent trouxe um homem para me examinar. Ele mediu minha pulsação e examinou minha cabeça e minha língua. Contei a eles do frio que eu sentia e lhes garanti que eu não precisava de atendimento médico, mas que a srta. Mayard precisava, e que deveriam dar toda aquela atenção a ela. Eles não responderam, e me agradou ver a srta. Mayard sair de seu lugar e aproximar-se deles. Ela falou com os médicos e lhes contou que estava doente, mas eles não deram atenção. As enfermeiras a arrastaram de volta para o banco, e depois que os médicos foram embora disseram: "Depois de um tempo, quando você perceber que os médicos não vão lhe dar atenção, você vai parar com isso de ir correndo pedir ajuda". Antes de irem embora, ouvi um dos médicos dizer — não consigo reproduzir as palavras exatas que ele usou — que minha pulsação e meus olhos não eram de louca, mas o superintendente Dent lhe garantiu que em casos como o meu os exames falhavam. Depois de me observar por algum tempo, ele disse que nunca tinha visto uma lunática com um rosto tão vivaz quanto o meu. As enfermeiras vestiam roupas de baixo reforçadas e casacos, mas os médicos se recusaram a nos dar xales.

Passei quase a noite toda ouvindo uma mulher agonizar de frio e implorar para que Deus a deixasse morrer. Outra gritou "assassino!" e "polícia!" sem parar e cheguei a sentir na carne sua fúria.

Na segunda manhã, depois de começarmos nossa infinita "preparação" para o dia, duas enfermeiras, com a ajuda de algumas pacientes, pegaram a mulher que tinha passado a noite implorando para que Deus a levasse. Sua oração em nada me surpreendeu. Ela tinha pelo menos setenta anos e era cega. Embora os corredores estivessem congelantes, aquela velha senhora usava as mesmas roupas que o resto de nós. Quando foi trazida para a sala de convivência e colocada no banco duro, ela gemeu: "Ah, o que estão fazendo comigo? Estou com tanto frio, tanto frio. Por que não podem me deixar na cama ou me dar um xale?". Depois ela se levantou e tentou tatear as paredes para sair da sala. Às vezes as funcionárias a empurravam de volta para o banco e deixavam que ela tentasse andar de novo, soltando risadas cruéis quando ela trombava na mesa ou nas beiradas dos bancos. Em dado momento ela disse que os sapatos pesados machucavam seus pés, e os tirou. As enfermeiras mandaram duas pacientes os colocarem de volta, e, quando ela tentou fazer o mesmo e se recusou a calçá-los, contei sete pessoas em cima dela ao mesmo tempo. Então a senhora tentou deitar-se no banco, mas a puxaram de novo. Que dó senti ao ouvi-la choramingar: "Ah, me deem um travesseiro e me cubram com um cobertor, estou com muito frio".

Nesse momento vi a srta. Grupe sentar-se e passar suas mãos geladas pelo rosto da velha senhora, descendo até enfiá-las na gola do vestido. Ela deu uma risada cruel ao ouvir os gemidos da senhora, e as outras enfermeiras imitaram sua maldade. Naquele dia a senhora foi levada para outra ala.

LEVADA À LOUCURA PELO ENTORNO
O trágico caso da srta. Tillie Mayard — Quase desmascarada

A srta. Tillie Mayard sofria muitíssimo com o frio. Certa manhã sentou-se no banco ao meu lado e estava pálida. Ela batia os dentes e tremia. Falei com as três funcionárias que estavam de casaco, sentadas à mesa no centro do cômodo. "É cruel prender as pessoas e deixá-las congelando", eu disse. Elas responderam que ela estava tão agasalhada quanto todas as outras e não ganharia mais roupas. Nesse exato momento a srta. Mayard teve um ataque violento, assustando todas as pacientes. A srta. Neville segurou-a nos braços, embora as enfermeiras tenham dito em tom rude: "Deixa ela cair no chão, que assim ela aprende a se comportar". A srta. Neville lhes disse o que achava daquela atitude, e depois me instruíram a comparecer à administração.

Logo que cheguei, o superintendente Dent apareceu à porta, e eu disse a eles que estávamos passando muito frio e contei sobre o estado da srta. Mayard. Sem dúvida pareci confusa, pois falei da situação da comida, da forma como as enfermeiras nos tratavam e de sua recusa em nos oferecer mais roupas, do estado da srta. Mayard e do fato de as enfermeiras terem dito que, como o hospital era uma instituição pública, não podíamos esperar bondade nenhuma. Garantindo a ele que eu não precisava de auxílio médico, pedi que procurasse a srta. Mayard. E ele o fez. Eu soube o que sucedeu através da srta. Neville e das outras pacientes. A srta. Mayard continuava em choque, e ele a beliscou com força entre as sobrancelhas ou em algum ponto próximo, e continuou fazendo isso até que seu rosto ficasse rubro por conta do sangue que subia à cabeça e ela recobrasse os sentidos. Ela passou o resto do dia com uma dor de cabeça terrível, e daí em diante só piorou.

Louca? Sim, louca; e, à medida que observava a loucura dominar pouco a pouco aquela mente que antes parecia normal, eu amaldiçoava em silêncio os médicos, as enfermeiras e todas as instituições públicas. Alguns dirão que ela já era louca antes de ser internada. Se de fato era, será que aquele era o lugar para o qual uma mulher convalescente deveria ser mandada, para tomar banho gelado, ser impedida de se agasalhar e receber comida horrível?

Nessa manhã tive uma longa conversa com o dr. Ingram, o superintendente assistente do hospital. Descobri que ele era generoso com as criaturas desamparadas que estavam sob sua guarda. Retomei minha velha reclamação sobre o frio, e ele chamou a srta. Grady à sala da administração e exigiu que fornecessem mais roupas às pacientes. A srta. Grady logo me avisou que eu teria sérios problemas se continuasse abrindo a boca.

Vários visitantes à procura de moças desaparecidas vinham me ver. Um dia a srta. Grady gritou da porta do corredor: "Nellie Brown, querem falar com você". Fui até a sala de convivência no final do corredor, e lá estava um cavalheiro que me conhecia de forma íntima há anos. Notei, por sua palidez repentina e por sua mudez, que minha presença era completamente inesperada e o perturbara em demasia. Num instante decidi que, se ele dissesse que eu era Nellie Bly, eu diria que nunca o vira antes. No entanto, eu só tinha uma chance e arrisquei tudo. Com a srta. Grady próxima o suficiente para me ouvir, sussurrei às pressas, numa linguagem mais expressiva do que elegante: "Não me entregue". Eu soube pela expressão em seu olhar que ele compreendera, então eu disse à srta. Grady: "Não conheço esse homem".

"O senhor a conhece?", perguntou a srta. Grady.

"Não, essa não é a moça que vim procurar", ele respondeu com uma voz tensa.

"Se não a conhece, o senhor não pode ficar aqui", ela disse e o levou até a porta. Temi que ele pensasse que eu fora internada por engano, contasse aos meus amigos e tentasse reivindicar minha soltura. Então esperei até que a srta. Grady tivesse destrancado a porta. Eu sabia que ela precisaria trancá-la antes de sair, e o tempo necessário para fazer isso me daria a oportunidade de falar, então eu o chamei, dizendo: "Só um momento, *señor*". Ele voltou em minha direção e eu perguntei em voz alta: "O *señor* fala espanhol?", e depois sussurrei: "Está tudo bem. Vim procurar uma coisa. Não conte pra ninguém". "Não", ele disse, com uma ênfase peculiar, e assim eu soube que ele guardaria meu segredo.

SURRAS E ESTRANGULAMENTOS
Enfermeiras se entretêm afligindo pacientes sob sua responsabilidade

O mundo lá fora nunca imaginaria quanto tempo os dias duram para aquelas que vivem em hospícios. Pareciam infinitos, e recebíamos com entusiasmo qualquer acontecimento que nos oferecesse algo em que pensar ou sobre o que falar. Vigiávamos ansiosamente as horas até a chegada do barco para ver se havia novas infelizes para se juntar às nossas fileiras. Quando chegavam e eram levadas à sala de convivência, as pacientes gostavam de se mostrar próximas umas das outras e logo queriam fazer agradinhos às novatas. O Corredor 6 recebia as novas pacientes, por isso nós víamos todas elas.

Pouco depois da minha chegada, uma moça chamada Urena Little-Page foi trazida. Era boba de nascença, e seu ponto fraco, assim como acontecia com muitas mulheres ajuizadas, era sua idade. Ela alegava ter dezoito anos e ficava muito brava se a contrariassem. Não demorou muito para que as enfermeiras descobrissem isso e passassem a caçoar dela. "Urena", disse a srta. Grady, "o médico falou que você tem 33 anos, e não dezoito", e as outras enfermeiras riram. Continuaram com isso até a criatura simplória chorar e gritar, dizendo que queria ir para casa e que todos a destratavam. Depois que já tinham se divertido o suficiente às custas da menina, que não parava de chorar, começaram a repreendê-la e mandá-la calar a boca. Ela foi ficando cada vez mais histérica, até que pularam em cima dela, deram-lhe um tapa na cara e golpearam sua cabeça com vigor. Isso só fez a pobre criatura chorar mais ainda, então a esganaram. Sim, a esganaram de verdade. A arrastaram até o vestiário, e ouvi seus gritos aterrorizados minguarem até virar gemidos abafados. Em algumas horas ela voltou para a sala de convivência, e eu vi as marcas das mãos das enfermeiras em seu pescoço o dia inteiro.

Essa punição pareceu despertar nas enfermeiras o desejo de castigar mais alguém. Elas voltaram à sala de convivência e agarraram uma senhora grisalha que eu já vira chamarem tanto de sra. Grady quanto de sra. O'Keefe. Ela era louca, e passava quase o tempo todo falando sozinha ou com as pessoas que estivessem ao redor. Não falava muito alto, e na ocasião estava sentada tagarelando consigo mesma sem fazer mal a ninguém. Elas a agarraram, e doeu-me o coração ouvi-la suplicar: "Pelo amor de Deus, moças, não deixem elas me baterem". "Cala a boca, sua vigarista", disse a srta. Grady, segurando a mulher pelos cabelos grisalhos e arrastando-a para fora da sala enquanto ela choramingava e pedia compaixão. Ela também foi levada ao vestiário. Seus gritos foram ficando cada vez mais baixos e de repente cessaram.

As enfermeiras voltaram e a srta. Grady comentou que tinha "feito aquela velha tola sossegar por um tempo". Relatei o ocorrido a alguns médicos, mas não me deram atenção.

Uma das figuras mais marcantes do Corredor 6 era Matilda, uma senhorinha alemã que, creio eu, ficou louca porque perdeu todo o seu dinheiro. Era baixinha e tinha a pele bonita e rosada. Só dava trabalho em algumas situações. Às vezes sofria de crises nas quais falava dentro dos aquecedores a vapor ou subia numa cadeira e falava pelas janelas. Nessas conversas ela brigava com os advogados que tomaram seus bens. As enfermeiras se divertiam a valer zombando da pobre coitada. Um dia eu me sentei ao lado da srta. Grady e da srta. Grupe e as ouvi sugerirem que ela chamasse a srta. McCarten dos nomes mais depravados. Depois de dizer essas coisas, elas lhe mandaram procurar a enfermeira, mas Matilda mostrou que, mesmo em seu estado, tinha mais discernimento do que elas. "Não posso lhe contar. É assunto particular", foi tudo o que ela disse. Vi a srta. Grady cuspir em seu ouvido, sob o pretexto de lhe dizer alguma coisa. Matilda limpou a orelha e ficou quieta.

AS HISTÓRIAS DAS DESAFORTUNADAS
Algumas das mulheres aparentemente sãs relatam suas dificuldades

Àquela altura eu conhecia a maior parte das 45 mulheres do Corredor 6. Deixem-me apresentar algumas delas. Louise, a moça alemã muito bonita que mencionei quando uma febre a abateu, nutria o delírio de que o espírito de seus falecidos pais a acompanhavam. "Já fui espancada várias vezes pela srta. Grady e por suas assistentes", ela disse, "e não consigo comer as coisas horríveis que nos servem. Espero que não me condenem a morrer congelada por falta de agasalhos adequados. Eu rezo toda noite para que me levem para o papai e a mamãe. Uma noite, quando o dr. Field veio, eu estava deitada na cama, cansada dos exames. Enfim eu disse: 'Estou cansada disso. Não vou mais falar'. 'Não vai mais, é?', ele retrucou, furioso. 'Vamos ver se eu não consigo obrigá-la a falar.' Em seguida ele apoiou sua bengala na lateral da cama e, subindo nela, me beliscou as costelas com muita força. Eu me levantei na cama num salto e perguntei 'O que o senhor quer com isso?'. 'Quero ensinar você a obedecer', ele respondeu. 'Eu só queria morrer e encontrar o papai!'." Quando fui embora ela estava presa à cama, de novo com febre, e talvez dessa vez tenha realizado seu desejo.

Há uma francesa confinada no Corredor 6, ou havia durante minha estadia, que acredito firmemente ser uma mulher sã. Eu a observei e falei com ela todos os dias, com exceção dos últimos três, e não consegui notar nenhum sinal de delírio ou mania. Chama-se Josephine Despreau, se não me engano em relação à grafia, e seu marido e todos os seus amigos estão na França. Josephine tem uma consciência aguda de sua condição. Seus lábios tremem e ela chora quando fala da situação sem solução em que se encontra. "Como você veio parar aqui?", perguntei.

"Uma manhã eu estava prestes a tomar café da manhã quando fiquei muito doente, quase morri, e a mulher da pensão chamou dois policiais que me levaram para a delegacia. Não consegui entender o que aconteceu ali, e eles quase não deram atenção ao meu relato. Eu ainda não conhecia os costumes deste país, e quando dei por mim tinham determinado que eu era louca e me mandado para este hospício. Quando cheguei aqui, chorei porque não tinha esperança de ser solta, e por isso a srta. Grady e suas assistentes me enforcaram até machucar meu pescoço, que continua dolorido até hoje."

Uma moça bonita falava tão mal inglês que só consegui registrar sua história pelo que ouvi as enfermeiras comentarem. Ela se chamava Sarah Fishbaum e seu marido a colocara no hospício porque ela flertava com outros homens. Supondo que Sarah fosse louca, e louca por homens, aproveito para contar como as enfermeiras tentaram curá-la (?). Elas a chamavam e diziam: "Sarah, você não gostaria de ter um homem novo e bonito ao seu lado?". "Ah, sim; homem novo é muito bom", ela respondia nas poucas palavras que conhecia em inglês. "Pois é, Sarah, e você não ia gostar que a gente falasse bem de você para algum dos médicos?" E então lhe perguntavam qual dos médicos ela preferia e aconselhavam que ela se insinuasse para ele no corredor, e assim por diante.

Eu observei uma mulher de pele muito clara por algum tempo, e ao conversar com ela não consegui compreender como tinha sido internada, de tão lúcida que era. "Por que você veio para cá?", perguntei a ela um dia, depois de uma longa conversa. "Eu estava doente", ela respondeu. "Você sofre de doença mental?", eu insisti. "Ah, não; por que você teve essa impressão? Eu estava trabalhando demais e tive um colapso. Como estava tendo problemas familiares e não tinha dinheiro, nem lugar para ir, me candidatei para que o governo me mandasse para o asilo dos pobres até eu poder voltar a trabalhar." "Mas não trazem pessoas pobres para cá, a não ser que sejam loucas", eu disse. "Você sabia que só mulheres loucas, ou mulheres que dizem ser loucas, são mandadas para cá?", continuei. "Quando cheguei aqui eu achei que a maioria dessas mulheres era louca, mas depois acreditei quando me disseram que era para cá que mandavam todas as mulheres pobres que pediam auxílio, como eu tinha feito."

"Como você tem sido tratada?", perguntei. "Bem, até agora consegui fugir da surra, mas fiquei horrorizada com as cenas que presenciei e os relatos que ouvi. Quando me trouxeram aqui quiseram me dar banho, mas a doença para a qual eu precisava de ajuda médica e da qual eu ainda sofria me impedia de tomar banho. Mas elas me obrigaram, e por conta disso passei as semanas seguintes num estado muito pior."

Uma tal de sra. McCartney, cujo marido é alfaiate, parece perfeitamente racional e não tem nenhuma excentricidade. Mary Hughes e a sra. Louise Schanz não demonstraram nenhum traço aparente de loucura.

ENFERMEIRAS QUE FALAM OBSCENIDADES
Pacientes são levadas às pressas ao hospital, sem uma avaliação satisfatória

Duas novatas se juntaram ao nosso grupo. Uma era uma idiota, Carrie Glass, e a outra, uma moça alemã de boa aparência —

muito jovem, pelo visto, e quando chegou todas as pacientes comentaram sua beleza e aparente sanidade. Chamava-se Gretchen. Contou-me que trabalhava como cozinheira e era extremamente organizada. Um dia, depois de ter limpado o chão da cozinha, as faxineiras sujaram tudo de novo de propósito. Ela ficou furiosa e discutiu com as mulheres, um policial foi chamado e ela acabou sendo levada para o hospício. "Como podem dizer que eu sou louca só porque eu perdi a paciência naquele dia?", ela reclamou. "As pessoas ficam bravas e ninguém diz que são loucas. Acho que a única coisa que eu posso fazer é ficar quieta, assim eu me livro de apanhar. Ninguém pode dizer uma palavra de mim. Eu faço tudo o que mandam, e todo o trabalho que me dão. Sou obediente em todos os aspectos, e faço de tudo para provar a elas que não sou louca."

Um dia uma mulher louca foi trazida ao hospital. Chegou fazendo barulho, e a srta. Grady deu-lhe uma surra que a deixou com o olho roxo. Quando os médicos notaram e perguntaram se ela chegara daquele jeito, as enfermeiras responderam que sim.

Enquanto estive no Corredor 6, nunca ouvi as enfermeiras se dirigirem às pacientes sem que fosse para repreendê-las, gritar ou caçoar. Elas passavam a maior parte do tempo fofocando sobre os médicos e as outras enfermeiras de forma bastante deselegante. A srta. Grady quase sempre intercalava suas frases com palavras de baixo calão, e costumava começar suas falas usando o nome de Deus. Os nomes que usavam para chamar as pacientes eram da espécie mais baixa e mais chula. Certa noite, durante o jantar, ela começou a discutir com outra enfermeira por causa do pão e, quando a enfermeira foi embora, a xingou e fez comentários horríveis.

À noite uma mulher, que eu supunha ser a cozinheira-chefe dos médicos, costumava aparecer para trazer uvas-passas, uvas, maçãs e biscoitos de água e sal para as enfermeiras. Imaginem o que as pacientes famintas sentiam enquanto observavam as enfermeiras comerem o maior dos luxos.

Certa tarde o dr. Dent estava conversando com uma paciente, a sra. Turney, sobre algum problema que ela tivera com uma enfermeira ou responsável. Pouco depois, fomos levadas para o jantar, e a mulher que tinha batido na sra. Turney estava sentada próxima à porta do refeitório. De repente a sra. Turney pegou sua tigela de chá e, correndo em direção à porta, a arremessou na mulher que a agredira. Houve uma gritaria, e levaram a sra. Turney de volta ao seu lugar. No dia seguinte ela foi transferida para a "turma da corda", que dizem reunir as mulheres mais perigosas e mais suicidas da ilha.

No começo eu não conseguia dormir, nem queria, já que poderia surgir algo novo para ouvir. É provável que as enfermeiras da noite tenham reclamado disso. Uma noite elas apareceram e tentaram me obrigar a tomar um copo de alguma mistura que ia "me fazer dormir". Eu disse que não ia beber e me deixaram em paz por ora, ou pelo menos eu torci para isso. Eu estava enganada, em poucos minutos voltaram com um médico, o mesmo que nos recebera quando chegamos. Ele insistiu para que eu ingerisse o líquido, mas eu estava decidida a permanecer consciente e não queria dormir nem por algumas horas. Quando viu que eu não me deixaria persuadir, ele se tornou bastante grosseiro e disse que já tinha perdido muito tempo comigo, que, se eu não bebesse, ele a injetaria no meu braço com uma agulha. Me ocorreu que se ele injetasse eu não poderia me livrar daquilo, mas se eu tomasse o líquido ainda haveria uma esperança. A mistura cheirava a láudano; beber aquilo foi horrível. Tão logo eles saíram do quarto e me trancaram, fui descobrir até que ponto eu aguentava enfiar o dedo na garganta.

ÚLTIMOS DIAS

Uma boa enfermeira — Sentada sem se mexer por cinco dias — Sabonete só uma vez por semana

Devo dizer que a enfermeira da noite, Burns, do Corredor 6, me pareceu muito bondosa e paciente com toda a gente pobre e atormentada. As outras enfermeiras vieram muitas vezes conversar comigo sobre namorados, perguntando se eu não gostaria de ter um. Logo viram que eu não estava muito interessada naquele assunto que, para elas, era muito popular.

Uma vez por semana dão banho nas pacientes, e essa é a única vez que elas veem sabonete. Certo dia uma paciente me deu um pedaço de sabonete do tamanho de um dedal. Vi aquilo como uma generosa tentativa de agradar, mas achei que ela aproveitaria o sabonete mais do que eu, então lhe agradeci, mas recusei. No dia do banho enchem a banheira e lavam as pacientes, uma após a outra, sem nunca trocar a água. Fazem isso até que ela fique bem grossa, e nesse momento a escoam e enchem novamente a banheira, sem lavá-la. As mesmas toalhas são usadas em todas as mulheres, tanto aquelas que sofrem de erupções cutâneas quanto as que não sofrem. As pacientes saudáveis brigam para que a água seja trocada, mas são forçadas a se submeter às enfermeiras preguiçosas e tirânicas. Os vestidos são trocados no máximo uma vez por mês. Quando uma paciente tem visita, vi as enfermeiras se apressarem para trocar suas roupas antes de o visitante chegar. Assim elas mantêm as aparências de que o tratamento oferecido é cuidadoso e satisfatório.

As pacientes que são incapazes de cuidar de si mesmas acabam ficando num estado abominável, e as enfermeiras nunca as ajudam, preferindo que outras pacientes o façam.

Fomos obrigadas a passar cinco dias sentadas. Eu nunca tinha ficado tanto tempo sem me mexer. Todas as pacientes se sentiam cansadas, enrijecidas, doloridas. Nos reuníamos em grupinhos nos bancos e, para torturar nossa barriga, nos dedicávamos a imaginar o que comeríamos primeiro quando saíssemos dali. Se eu não soubesse o tamanho da fome que sentiam e como a situação era digna de pena, tais conversas teriam sido muito divertidas. Sabendo de tudo, só me deixavam triste. Quando o tema da comida, que parecia ser o grande favorito, se esgotava, as mulheres costumavam dar sua opinião sobre a instituição e sua administração. As duras críticas às enfermeiras e às refeições eram unânimes.

Com o passar dos dias, o estado da srta. Tillie Mayard piorou. Ela sentia frio o tempo todo e não conseguia ingerir a comida que lhe ofereciam. Passava os dias cantando para tentar preservar a memória, mas logo a enfermeira a obrigou a parar. Eu conversava com ela diariamente, e sofria ao vê-la piorar tão rápido. Até que ela teve um delírio. Achou que eu estava tentando me passar por ela e que todos que pediam para ver a Nellie Brown eram amigos que a procuravam, mas que eu tentava convencê-los de que era ela. Tentei conversar com ela, em vão, então fiz o possível para manter distância, com medo de que minha presença alimentasse sua alienação e contribuísse para sua piora.

TRANSFERIDA PARA OUTRA ALA
Ela é insultada antes de partir, e o ambiente não é muito melhor

Quando Pauline Moser foi trazida para o hospital, ouvimos os gritos mais horrendos, e uma moça irlandesa quase nua apareceu cambaleando como uma bêbada pelo corredor e berrando: "Viva! Comemorem! Eu matei o diabo! Lúcifer, Lúcifer, Lúcifer". Depois ela arrancou uma mão cheia dos próprios cabelos enquanto gritava com ar exultante: "Como eu enganei os demônios! Falam que foi Deus quem fez o inferno, mas não foi, não". Depois de mais ou menos uma hora, enquanto o dr. Dent atravessava o corredor, a srta. Grupe cochichou para a garota demente: "Olhe lá o diabo chegando, vá com ele". Surpresa ao vê-la oferecer uma orientação como essa a uma louca, eu imaginei que a criatura delirante fosse correndo atrás do médico. Por sorte ela começou a repetir seu estribilho "Ah, Lúcifer". Depois que o médico se foi, a srta. Grupe tentou atiçá-la mais uma vez dizendo que o menestrel do quadro pendurado na parede era o diabo, e a pobre coitada começou a gritar: "Demônio! Eu vou te mostrar!", de forma que duas enfermeiras tiveram que sentar em cima dela para imobilizá-la. Elas pareciam experimentar diversão e prazer quando estimulavam as pacientes violentas a revelarem seu pior.

Eu sempre disse aos médicos que era lúcida e pedi que me soltassem, mas quanto mais eu tentava provar minha sanidade, mais eles a colocavam em dúvida. "O que você e os outros médicos fazem aqui?", perguntei para um, de cujo nome não me lembro. "Para cuidar das pacientes e avaliar sua sanidade", ele respondeu. "Muito bem", eu disse. "Há dezesseis médicos nesta ilha e, à exceção de dois, nunca vi nenhum deles dar atenção às pacientes. Como um médico pode julgar a sanidade de uma mulher simplesmente lhe dando bom-dia e se recusando a ouvir quando ela acredita que não deve ficar internada? Até as doentes sabem que não adianta falar, já que sempre respondem que é tudo imaginação." "Submetam-me a todos os exames", implorei, "e me falem se eu sou lúcida ou louca! Meçam minha pulsação, examinem meu coração, meus olhos; me peçam para esticar os braços, para mostrar os dedos, como o dr. Field fez no Bellevue, e aí me digam se eu sou lúcida." Eles não me davam atenção, achavam que eu estava falando absurdos.

Mais uma vez eu disse a um deles: "Vocês não têm o direito de manter pessoas sãs aqui. Eu sou sã, sempre fui sã e insisto que façam uma avaliação cuidadosa ou me liberem. Várias das mulheres que estão aqui também são sãs. Por que elas não têm direito à liberdade?". "São todas loucas", era a resposta, "e deliram."

Depois de uma longa conversa com o dr. Ingram, ele disse: "Vou transferir você para uma ala mais tranquila". Uma hora depois a srta. Grady me chamou no corredor e, depois de me xingar de todos os nomes mais chulos, me disse que era uma sorte para o meu "disfarce" ser transferida, senão ela ia começar a me fazer pagar por contar tudo ao dr. Ingram. "Sua enxerida dos infernos, você esquece quem é e de onde veio, mas sempre se lembra de contar tudo para o médico." Depois de chamar a srta. Neville, que o dr. Ingram também fizera a gentileza de transferir, a srta. Grady nos levou para o corredor logo acima do nosso, o de número sete.

No Corredor 7 estão a sra. Kroener, a srta. Fitzpatrick, a srta. Finney e a srta. Hart. Não vi ali um tratamento cruel como no andar de baixo, mas as ouvi fazerem comentários desagradáveis e ameaças, torcerem os dedos e darem tapas na cara das pacientes rebeldes. A enfermeira da noite — creio que seu nome seja Conway — é muito irascível. Se alguma paciente do Corredor 7 tinha algum pudor, logo o perdeu. Todas eram obrigadas a se despir no corredor diante da porta de seu quarto e dobrar as roupas, deixando-as ali até a manhã seguinte. Eu pedi permissão para me despir no quarto, mas a srta. Conway me disse que, se um dia flagrasse tal artimanha, me daria motivo para nunca mais repeti-la.

O primeiro médico que me atendeu lá — o dr. Caldwell — me fez cócegas no queixo, e só falei com ele em espanhol, porque estava cansada de dizer de onde viera.

O "RETIRO" E A "TURMA DA CORDA"
Algumas das atrocidades — O último adeus

Uma senhora de sobrenome Cotter me disse que tinha sido mandada para o Retiro* por ter falado com um homem. "Só de lembrar disso eu fico brava. Por ter chorado, as enfermeiras me bateram com um pau de vassoura e me feriram de uma forma que nunca vou superar. Depois elas me amarraram as mãos e os pés e cobriram minha cabeça com um lençol. Torcendo o tecido ao redor do meu pescoço para que eu não conseguisse gritar, enfiaram-me numa banheira cheia de água gelada. Me seguraram debaixo d'água até eu desistir de tudo e perder os sentidos. Em outras ocasiões, agarraram-me pelas orelhas e bateram minha cabeça no chão e na parede. Depois arrancaram meu cabelo pela raiz, para nunca mais crescer de novo."

A própria sra. Cotter me mostrou provas de sua história: a depressão na parte de trás da cabeça e os pontos de calvície em que o cabelo foi arrancado aos punhados. Reproduzo seu relato da maneira mais fiel possível: "A forma como me tratavam não era tão ruim quanto o que já vi fazerem com outras pacientes, mas acabaram com minha saúde, e mesmo se eu sair daqui estarei destruída. Quando meu marido soube, ameaçou denunciar o lugar se não me transferissem, então me trouxeram para cá. Agora eu estou bem do ponto de vista mental. Não sinto mais o medo de antigamente, e o médico prometeu que vai deixar meu marido me levar para casa".

Conheci Bridget McGuinness, que parece ser lúcida. Ela contou que foi mandada para o Retiro 4 e colocada na "turma da corda". "As surras que levei lá foram atrozes. Arrastavam-me pelos cabelos de um lado para o outro, colocavam minha cabeça debaixo d'água

---
* Ala que abrigava pacientes violentas. (N.E.)

até eu sufocar, esganavam-me e davam-me chutes. As enfermeiras sempre deixavam uma paciente mais quieta a postos na janela, para lhes avisar caso um dos médicos se aproximasse. Não adiantava reclamar para eles, que sempre diziam que era tudo invenção dos nossos cérebros adoecidos, e ainda apanhávamos por ter contado. As enfermeiras seguravam pacientes debaixo d'água e ameaçavam deixar que morressem até prometerem não contar aos médicos. Prometíamos, por saber que os médicos não nos ajudariam e porque faríamos qualquer coisa para escapar dos castigos. Depois de quebrar uma janela fui transferida para o chalé, o pior lugar da ilha. Deixam o ambiente numa sujeira lastimável, o fedor é terrível. No verão fica cheio de moscas. A comida é pior do que nas outras alas, e só temos direito a pratos de estanho. Em vez de instaladas na parte de fora, como nesta ala, as grades ficam na parte de dentro. Muitas pacientes calmas estão lá há anos, mas as enfermeiras as mantêm para que continuem trabalhando. Entre outras surras que levei lá, uma vez as enfermeiras me atacaram e quebraram duas das minhas costelas.

"Enquanto eu estava lá, uma moça jovem e bonita foi admitida. Adoecera e reclamava de estar naquele lugar sujo. Certa noite as enfermeiras pegaram a moça e, depois de uma surra, seguraram-na nua numa banheira de água fria, depois a jogaram na cama. Na manhã seguinte a menina tinha morrido. Os médicos disseram que tinha sido por causa das convulsões, e isso foi tudo que fizeram.

"Eles injetam tanta morfina e cloral que acabam deixando as pacientes loucas. Já vi mulheres desesperadas de sede por efeito das drogas, e as enfermeiras se recusavam a dar-lhes água. Outras passaram a noite inteira implorando por uma só gota e não receberam. Eu mesma já chorei de sede até ficar com a boca tão seca e rachada que não conseguia mais falar."

Eu vi tudo isso com meus próprios olhos no Corredor 7. As pacientes imploravam para beber água antes de irem para a cama, mas as enfermeiras — a srta. Hart e as outras — se recusaram a abrir o banheiro no qual poderiam matar a sede.

O Corredor 7 parece bastante agradável para o visitante que está de passagem. As paredes são repletas de quadros modestos e o lugar conta com um piano, que antes pertenceu a uma loja de artigos musicais da cidade, cuja responsável é a srta. Mattie Morgan. Ela estava no hospício havia três anos. A srta. Mattie vinha ensinando várias das pacientes a cantar com algum sucesso. Mas a grande artista do corredor é Under — pronuncia-se Wanda —, uma moça polonesa. Quando disposta a mostrar seu talento, é uma pianista habilidosa. Consegue ler as partituras mais difíceis sem nenhum esforço e sua forma de tocar é perfeita.

Aos domingos as pacientes mais calmas, cujos nomes foram selecionados pelas funcionárias durante a semana, ganham permissão para ir à missa. Há uma capelinha católica na ilha, que também realiza outras cerimônias.

Um dia, um "inspetor" veio fazer a ronda com o dr. Dent. No porão encontraram metade das enfermeiras almoçando, deixando a outra metade para cuidar de nós, como sempre acontecia. Exigiram que as enfermeiras voltassem imediatamente a seus postos e esperassem as pacientes terminarem de comer. Algumas das pacientes quiseram falar sobre a falta de sal na comida, mas foram impedidas.

O Hospício de Alienados de Blackwell's Island é uma ratoeira humana. É fácil entrar, mas uma vez lá é impossível sair. Eu planejava fazer com que me levassem para as alas violentas, o Chalé e o Retiro, mas, quando consegui os depoimentos de duas mulheres sãs e pude registrá-los, decidi não arriscar minha saúde — e meus cabelos — e não me mostrei violenta.

Perto do fim tinham me proibido de receber visitas, por isso quando o advogado Peter A. Hendricks me disse que amigos meus estavam dispostos a cuidar de mim se eu me dispusesse a ficar com eles em vez de continuar no hospital, concordei sem pensar duas vezes. Pedi que ele me enviasse algo para comer logo que chegasse à cidade, depois esperei ansiosamente que me soltassem.

Aconteceu antes do esperado. Eu estava na fila com as outras, andando no pátio, e tinha me interessado por uma pobre mulher que desmaiara enquanto as enfermeiras a obrigavam a andar. "Tchau, estou indo para casa", eu disse a Pauline Moser quando ela passou escoltada por duas mulheres. Com pesar, dei adeus a todas as mulheres que conhecia ao passar por elas em meu caminho rumo à liberdade e à vida, enquanto eram deixadas para trás, relegadas a um destino pior que a morte. "*Adiós*", murmurei para a mulher mexicana. Soprei-lhe um beijo, e assim deixei minhas companheiras do Corredor 7.

Eu esperei tanto pela hora de sair daquele lugar horrível, mas, quando minha ordem de soltura chegou e eu soube que voltaria a ter toda a luz do sol que Deus nos dá, a partida trouxe certa tristeza. Eu fui uma delas por dez dias. Por mais tolo que pareça, pareceu-me um ato de imenso egoísmo deixar que continuassem vivendo aquele sofrimento. Senti um desejo quixotesco de ajudá-las por meio de minha compaixão e de minha presença. Mas isso durou pouco. As grades se abriram e a liberdade pareceu-me mais doce do que nunca.

Não demorou para que eu atravessasse o rio e me aproximasse de Nova York. Voltava a ser uma mulher livre depois de dez dias no hospício de Blackwell's Island.

New York World
16 de outubro de 1887

VIEW OF THE LUNATIC ASYLUM AND M

ON BLACKWELL'S ISLAND, NEW YORK.

A marca FSC® é a garantia de que a madeira utilizada na fabricação do papel deste livro provém de florestas gerenciadas de maneira ambientalmente correta, socialmente justa e economicamente viável e de outras fontes de origem controlada.

Copyright da tradução © 2021 Editora Fósforo

Todos os direitos reservados. Nenhuma parte desta obra pode ser reproduzida, arquivada ou transmitida de nenhuma forma ou por nenhum meio sem a permissão expressa e por escrito da Editora Fósforo.

EDITORAS Rita Mattar e Fernanda Diamant
COORDENADORA EDITORIAL Juliana de A. Rodrigues
ASSISTENTE EDITORIAL Mariana Correia Santos
PREPARAÇÃO Juliana de A. Rodrigues e Ibraíma Dafonte Tavares
REVISÃO Eduardo Russo e Paula B. P. Mendes
PRODUÇÃO GRÁFICA Jairo Rocha
CAPA Tereza Bettinardi
IMAGENS DA CAPA Ilustrações da primeira edição de *Dez dias num hospício* (1887)
TRATAMENTO DAS ILUSTRAÇÕES DA CAPA Bruno Algarve
IMAGEM DAS PP. 108-9 "Paisagem do asilo de lunáticos e hospício em Blackwell's Island, Nova York." Ilustrações da primeira edição de *Dez dias num hospício* (1887)
PROJETO GRÁFICO DO MIOLO Alles Blau
EDITORAÇÃO ELETRÔNICA Alles Blau e Página Viva

Dados Internacionais de Catalogação na Publicação (CIP)
(Câmara Brasileira do Livro, SP, Brasil)

Bly, Nellie
  Dez dias num hospício / Nellie Bly ; tradução Ana Guadalupe. — São Paulo : Fósforo, 2021.

  Título original: Ten days in a mad house
  ISBN: 978-65-89733-12-6

  1. Bly, Nellie, 1864-1922 2. Hospitais psiquiátricos — Nova York (Estado) — História — Século 19 3. Lunatic Asylum — Nova York (Estado) 4. Mulheres — Pacientes — Nova York (Estado) — História — Século 19 5. Mulheres — Saúde mental — Serviços — Nova York (Estado) — História — Século 19 I. Título.

21-61141   CDD – 362.2109747

Índice para catálogo sistemático:
1. Lunatic Asylum : Manicômio : Nova York : História   362.2109747

Cibele Maria Dias — Bibliotecária — CRB/8-9427

Editora Fósforo
Rua 24 de Maio, 270/276, 10º andar, salas 1 e 2 — República
01041-001 — São Paulo, SP, Brasil — Tel: (11) 3224.2055
contato@fosforoeditora.com.br / www.fosforoeditora.com.br

Este livro foi composto em GT Alpina
e GT Flexa e impresso pela Ipsis
em papel Pólen da Suzano para a
Editora Fósforo em agosto de 2021.